DE L'ÉTAT ACTUEL

DU

PROTESTANTISME

EN FRANCE

PAR

J.-J. CLAMAGERAN

DOCTEUR EN DROIT

Avocat à la Cour impériale de Paris

PARIS

JOEL CHERBULIEZ, ÉDITEUR

10, RUE DE LA MONNAIE

—

1857

DE L'ÉTAT ACTUEL

DU

PROTESTANTISME

EN FRANCE

PAR

J.-J. CLAMAGERAN

DOCTEUR EN DROIT

Avocat à la Cour impériale de Paris

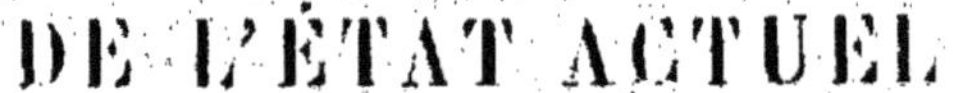

PARIS

JOËL CHERBULIEZ, ÉDITEUR

10, RUE DE LA MONNAIE

1857

DE L'ÉTAT ACTUEL

DU

PROTESTANTISME

EN FRANCE

Paris. — Imprimerie de P.-A. BOURDIER et Cie, 30, rue Mazarine.

DE L'ÉTAT ACTUEL

DU

PROTESTANTISME

EN FRANCE

PAR

J.-J. CLAMAGERAN

DOCTEUR EN DROIT

Avocat à la Cour impériale de Paris

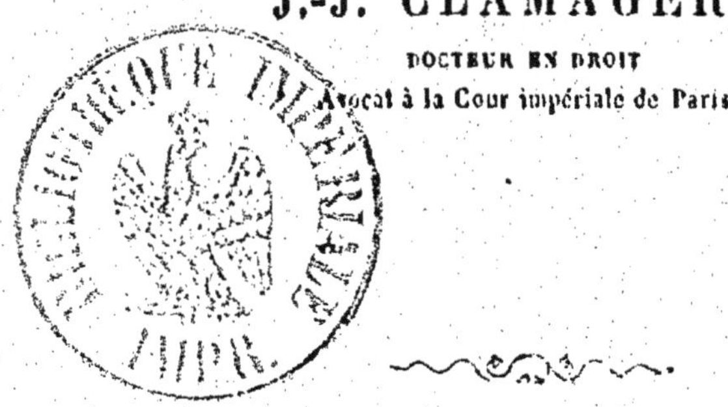

PARIS

JOEL CHERBULIEZ, ÉDITEUR

10, RUE DE LA MONNAIE

1857

DE L'ÉTAT ACTUEL

DU

PROTESTANTISME

EN FRANCE[1]

Depuis quelques années les études sur le protestantisme, si rares autrefois, se multiplient sous toutes les formes, dans les livres, dans les journaux, dans les revues[2]. La publication des œuvres de Channing par M. Laboulaye a été le signal de ce mouvement intellectuel. On ne soupçonnait pas qu'il y eût au monde une doctrine religieuse si simple, si conforme au bon sens, en harmonie si parfaite avec les institutions démocratiques. Les derniers volumes de M. Michelet ont achevé d'exciter non pas seulement l'attention, mais l'intérêt. Les origines de la Réforme se sont trouvées

1. Extrait de la *Revue de Paris*, numéros des 1er et 15 janvier 1857.
2. Voyez notamment, dans la *Revue des Deux-Mondes*, numéro du 15 juin 1854, *De la Réforme et du Protestantisme*, par M. de Rémusat; numéro du 15 décembre 1854, *Channing et les Unitaires*, par M. Renan; numéros des 15 septembre, 1er octobre 1856 et suiv., *Des Controverses religieuses en Angleterre*, par M. de Rémusat; — dans la *Revue de Paris*, numéro du 15 septembre 1856, *le Protestantisme et la Liberté de conscience*, par M. J. Dutert; numéro du 1er juin, *Des Prédicateurs protestants*, par M. Eug. Maron.

Parmi les livres déjà anciens, on peut consulter avec fruit un ouvrage imprimé en 1829 et intitulé : *Vues sur le Protestantisme*, par Samuel Vincent.

1

tout à coup éclairées d'une lumière nouvelle. Nous avons revu, dans une histoire aussi émouvante que le drame, les martyrs de la Saint-Barthélemy, et auprès d'eux ces nobles femmes, types héroïques de dévouement et d'amour disparus avec le dix-septième siècle pour faire place aux aventurières de la Fronde et aux maîtresses de Louis XIV. L'émotion est venue se joindre à la curiosité. Aujourd'hui on peut dire que le protestantisme, après avoir traversé successivement la période des persécutions et celle de l'indifférence, touche au moment d'une épreuve solennelle, l'épreuve de la discussion philosophique. Quel sera le résultat définitif de cette épreuve? Pour l'apprécier sainement, il faut avant tout savoir l'état véritable des choses. J'essayerai de le faire connaître, en ce qui concerne la France, heureux si dans ce travail les amis sincères de la cause démocratique peuvent puiser quelques notions exactes sur le présent et quelques enseignements utiles pour l'avenir.

I

Le chiffre officiel de la population protestante en France est de 748,332 ; ce chiffre résulte du recensement de 1851. Plusieurs raisons portent à croire qu'il est inférieur au chiffre réel. Beaucoup de protestants ont refusé de se faire inscrire, les uns par timidité, les autres par principe. Dans certaines communes rurales, où le souvenir des dragonnades n'est pas encore effacé, on craignait le retour des proscriptions. Dans les grands centres, plusieurs personnes, par une susceptibilité d'indépendance quelque peu exagérée, n'ont pas voulu déclarer leur religion ; elles ont été inscrites comme catholiques. De ce nombre se trouve le pasteur Ath. Coquerel. Lors du recensement de 1855, on a renoncé à constater la religion des individus. Quel est le nombre véritable des protestants ? Les consistoires n'ont jamais pu l'établir d'une manière précise ; l'excessive dissémination des protestants est un obstacle très-grave à l'accomplissement d'un pareil travail. Le rapport lu à la séance de l'Alliance évangélique, en 1855, le fixe à 2,004,599. M. Read indique le chiffre de 1,500,000. Ce qui est certain, c'est que le nombre des lieux de culte constatés est de 1,341, le nombre des pasteurs de 814. En 1807, il n'y en avait guère que 200. En 1637, au synode national d'Alençon, on comptait 806 églises et 641 pasteurs.

On peut remarquer, sur la carte dressée par M. Read, où se trouvent les grands centres. Dans le Midi : le Gard, l'Hérault, le Tarn, Tarn-et-Garonne, Lot, Lot-et-Garonne, l'Ariége, les Basses-Pyrénées. Près de la Suisse : l'Isère et les Vosges. A l'est : le Haut-Rhin et le Bas-Rhin. Au nord : la Marne, l'Aisne, les Ardennes, la Seine-Inférieure. A l'ouest : la Vienne, la Charente-Inférieure et les Deux-Sèvres. On peut constater aussi cette dissémination dont je parlais tout à l'heure. On rencontre des groupes de protestants isolés même en Bretagne. D'après les renseignements que j'ai pu recueillir, les protestants sont en général dans une position aisée; le nombre des indigents est relativement moins considérable parmi eux. Dans les campagnes, beaucoup appartiennent à cette classe de paysans dont la vie est rude, mais qui trouvent dans la culture d'une petite propriété une certaine indépendance.

Il serait curieux d'examiner, à l'aide de documents statistiques moins incomplets, les oscillations de la population protestante. Si l'on s'en tient aux conversions individuelles, il est à peu près impossible d'alléguer un ensemble de faits concluants, soit dans un sens, soit dans un autre. Il est indubitable (et nous pourrions citer bien des exemples) que certains esprits religieux et éclairés ont embrassé sincèrement la foi protestante. D'autre part, je ne doute pas que des protestants n'aient été quelquefois entraînés par l'éloquence de tel ou tel prédicateur, séduits par la sombre poésie des vieilles cathédrales, dominés par l'ascendant impérieux d'un dogme absolu et inflexible. Il ne faut pas non plus se dissimuler qu'à une époque où l'indifférence religieuse est générale, où le culte des intérêts matériels envahit la société, où l'amour des spéculations est poussé jusqu'à la frénésie, trop souvent la voix de la conscience se tait devant le tumulte des passions et les calculs de l'égoïsme. Le catholicisme attire, parce qu'il représente la majorité, parce que son clergé est influent, parce qu'il favorise la dévotion extérieure, si commode à ceux qui ne croient à rien qu'à la nécessité de dissimuler leurs vices ; on se convertit pour se ménager des protecteurs, pour faciliter le mariage de ses enfants, pour obtenir des places lucratives ou des titres honorifiques. Je ne pense pas que le protestantisme ait à regretter de pareilles défections ; se débarrasser des âmes viles, ce n'est pas s'amoindrir, c'est se purifier.

Laissant de côté ces conversions individuelles qui ne peuvent fournir des éléments sérieux d'appréciation, on doit reconnaître que certains faits d'une autre nature sembleraient indiquer une tendance à l'accroissement. Depuis 1851 jusqu'en janvier 1856 (c'est-à-dire dans l'espace de cinq ans) plus de trente-cinq temples nouveaux ont été inaugurés. Le protestantisme a même pénétré dans des localités où jusqu'ici il était complétement inconnu. Des fractions de communes très-considérables, quelquefois des communes entières, se sont faites protestantes ; par exemple : Estissac (près de Troyes), Saint-Michel (Basses-Alpes), Marmande (Drôme), Montjavoult (Oise), Neuville (près Poitiers), Sauveterre (près Agen).

L'extension du culte protestant n'est pas sans offrir, même au dix-neuvième siècle, de grandes difficultés. Ces difficultés naissent de notre législation ou plutôt de la manière dont elle est interprétée par la cour suprême et appliquée par les fonctionnaires administratifs.

Voici les faits. Je cite les plus récents.

En novembre 1851, le conseil municipal d'Estissac (département de l'Aube) décide que « l'église désormais inutile qui avait servi jusqu'ici au culte catholique sera consacrée au culte protestant. » La décision municipale n'ayant point été ratifiée par le ministre, le culte protestant est célébré dans un local particulier appartenant à M. Solay. Les pasteurs Recordon et Dugan, ainsi que M. Solay, sont traduits devant le tribunal correctionnel de Troyes et condamnés, pour réunion illicite, à seize francs d'amende (jugement du 17 août 1851). Le 8 janvier 1853, la cour de Paris confirme le jugement du tribunal correctionnel. Il est à remarquer que le consistoire de Meaux, avant de créer une place de pasteur suffragant à Estissac, avait envoyé le pasteur Ladevèse pour visiter les habitants de la commune et s'assurer de leur sincérité. Le grand argument du ministère public dans cette affaire était celui-ci : Les habitants d'Estissac se disent protestants, ils ne le sont pas : ce sont des socialistes déguisés. De telles paroles ne sont-elles pas une atteinte à la liberté de conscience? Le ministère public a le droit de surveiller les réunions religieuses pour les empêcher de dégénérer en réunions politiques, mais il n'a le droit, sans preuves matérielles, de contester à personne la sincérité de sa foi. Néanmoins, le 17 juillet 1855, une nouvelle condamnation fut prononcée contre le pasteur Thomas, MM. Roser et Cousin, pour célébration du culte à Estissac. C'est seulement depuis peu que des réunions religieuses ont été permises à Estissac.

Même histoire pour les églises évangéliques libres de la Haute-Vienne. Depuis 1845, le culte se célébrait ouvertement; en 1854 on l'interdit; le culte persiste dans les bois, les granges, les chaumières. Le 11 août 1855, le tribunal de Bellac prononce plusieurs condamnations. En 1856, nouveau jugement et nouvelles condamnations, les unes à cinq cents francs, les autres à mille francs d'amende. Enfin, au mois de mai dernier, les temples ont été réouverts avec l'autorisation du gouvernement. Au Grand-Fresnoy (près Saint-Quentin), le culte protestant, célébré depuis deux ans, est interdit au mois d'août 1852. A Franvillers (Somme), le culte était célébré depuis longtemps dans une maison particulière; en 1854 on achève la construction du temple. Le 27 novembre 1854, le culte est interdit par ordre du préfet de la Somme, M. le comte Duhamel. Le 13 décembre, l'interdiction est maintenue.

A Mamers (département de la Sarthe), le culte évangélique était célébré depuis six ans; en 1853 on le prohibe; le pasteur Porchat, condamné par le tribunal correctionnel du Mans, se pourvoit en cassation; le pourvoi est rejeté par un arrêt en date du 9 décembre 1853.

« Attendu (dit l'arrêt) que le décret du 25 mars 1852 a été promulgué dans la plénitude de la puissance législative attribuée au président de la république par l'article 58 de la constitution du 14 janvier 1852;

« Attendu que ce décret, après avoir abrogé d'une manière expresse le décret du 28 juillet 1848 sur les clubs, à l'exception de l'article 13, qui interdit les sociétés secrètes, déclare, par son article 2, que les articles 291, 292, 294 du Code pénal et les articles 1, 2 et 3 de la loi du 10 avril 1834, sont applicables aux réunions publiques, de quelque nature qu'elles soient.

« Attendu que cette dernière disposition est générale; qu'elle ne comporte aucune distinction ni exception; qu'elle embrasse en conséquence les réunions ayant pour objet l'exercice d'un culte;

« Attendu que le principe de la liberté des cultes, garanti par les articles 1 et 26 de la constitution du 14 janvier 1852, n'est point incompatible avec les lois de police qui doivent régir toutes les réunions publiques, quels que soient la cause et le but de ces réunions; qu'il n'exclut donc ni la surveillance de l'auto-

rité publique, ni les mesures de police et de sûreté
sans lesquelles cette surveillance serait inefficace ;
qu'il ne se concilie pas moins avec la nécessité d'obtenir l'*autorisation* du gouvernement dans les cas pré-
vus par l'article 291 du Code pénal, relativement aux
réunions dont le but est de s'occuper à certains jours
marqués d'objets religieux[1]... »

Cette doctrine n'est pas nouvelle. Elle était déjà
établie sous le règne de Louis-Philippe. Sous la république, elle n'avait pu se soutenir en présence de l'article 19 de la loi du 28 juillet 1848 sur les clubs, lequel protégeait d'une manière expresse les réunions
purement religieuses[2]. Malgré cela, les habitudes de
l'ancien régime duraient. L'affaire de Montjavoult
(Oise) le prouve. Le maire dispersa par la force les
fidèles réunis autour du pasteur Rouville. Mais cette
mesure ne fut point sanctionnée par le ministre, et le
9 mars 1851, le culte protestant fut célébré dans la
commune de Montjavoult. En 1853, l'ancienne juris-
prudence reparaît. C'est un douloureux spectacle de
voir ainsi mettre en question les principes les plus
certains, les plus essentiels et les plus sacrés de notre
organisation sociale. Il importe, puisqu'on les conteste, de les remettre en lumière.

Écartons d'abord de vaines subtilités. L'argument
tiré de la loi de 1852 et des articles 291-294 du Code

---

1. Voyez le *Recueil des lois et arrêts*, par de Villeneuve et Carrette,
1851, I, 281.

2. Voyez l'arrêt de cassation du 13 novembre 1851, aff. Lenoir.

pénal n'a aucune force; il n'est pas permis d'invoquer un texte spécial contre un principe de droit public qui, par lui-même, n'est susceptible d'aucune exception. La loi de 1852 a été faite contre les réunions politiques; on a pensé qu'elles étaient incompatibles avec le maintien de l'ordre actuel. Mais il ne s'agit pas ici de réunions politiques; il s'agit de réunions religieuses, précédées d'une déclaration à l'autorité municipale et surveillées par la police. Au fond, la question est de savoir quelle est la nature, quelle est l'étendue légitime de la liberté des cultes. Croit-on que les cultes soient libres, par cela seul qu'il est permis à chacun de conserver le culte dans lequel il est né? Non, il faut quelque chose de plus; il faut le droit de propager le culte auquel on appartient. Il faut aussi le droit d'en embrasser un autre. Ce droit peut-il être soumis à une autorisation quelconque? Évidemment, non; sans cela ce n'est plus un droit, c'est une tolérance ou une faveur. A vrai dire, proclamer la liberté des cultes sous la condition de l'autorisation gouvernementale, c'est la supprimer. En fait, elle pourra être respectée; mais en droit elle n'existe plus. Pour s'en convaincre, il suffit de se reporter aux époques les plus funestes de l'histoire, aux époques des persécutions religieuses. Le droit du souverain était exactement celui que la Cour de cassation voudrait établir aujourd'hui; la pratique seule différait. Sous le règne des Césars, les chrétiens sont livrés aux bêtes du cirque; pourquoi? parce qu'ils établissent un culte nouveau, sans approbation de l'empereur. Au dix-septième siècle, sous le règne du grand-roi, les protestants de France sont traqués de toutes parts, sabrés, emprisonnés, pendus; pourquoi? parce que la révocation de l'édit de Nantes leur retirait l'autorisation donnée jusqu'alors de célébrer leur culte; ce que le bon plaisir permet, le bon plaisir peut le défendre. Il est évident que la liberté des cultes, telle que l'entend la Cour suprême, aurait été impuissante pour sauver l'humanité de tels excès. Quand un système d'interprétation provoque de pareils rapprochements, quand il aboutit à de pareilles conséquences, il est jugé et condamné. Je ne dis pas qu'il produise toutes ces conséquences, nos mœurs s'y opposent, mais il les comporte logiquement, et c'est beaucoup trop. Le droit n'est rien, ou il est une règle absolue; il ne connaît ni les caprices de l'arbitraire, ni même les tempéraments de l'indulgence. Il ne suffit pas que le mal n'ait pas lieu; il faut qu'il soit impossible et qu'il rencontre devant lui une barrière infranchissable.

Les écoles protestantes ont été gênées dans leur établissement, comme le culte dans son exercice[1]. En 1850, M. Guilbot veut établir à la Gaude (département du Var) une école protestante libre. Le recteur s'y oppose, et le 13 janvier 1851, le conseil académique du Var rend la décision suivante, dont le texte est curieux :

1. Voyez le discours de M. Guizot dans le journal *le Lien*, numéro du 28 avril 1855.

« Attendu que de toutes ces pièces il résulte que le sieur Guilbot, en venant à la Gaude pour ouvrir une école libre et protestante *dans une commune où il n'existait pas un protestant d'origine, né et reconnu pour tel*, y a introduit un tel ferment de discorde que cette commune a été depuis constamment agitée et divisée;

« Attendu que la fermeture de cette école est demandée de toutes parts, et notamment par tous les magistrats investis du droit de veiller au bon ordre et aux mœurs publiques, comme le moyen unique et nécessaire de rétablir dans cette commune le calme et la tranquillité;

« Considérant qu'il y a *nécessité et convenance d'interpréter dans ce sens* et d'appliquer le droit d'opposition à former *dans l'intérêt des mœurs publiques;*

« Jugeant contradictoirement et sans recours, d'après l'article 28 de la loi du 15 mars 1850;

« Décide à l'unanimité :

« Article 1er. L'arrêté d'opposition est maintenu.

« Article 2. Ladite école sera immédiatement et *à tout jamais* fermée.

« Le recteur président du conseil académique,
« Signé : L'abbé BONAFOUS.

« Le secrétaire du conseil académique,
« Signé : D. DE SAINT-COUX. »

Au nom de la loi de 1850 sur la liberté d'enseignement, on déclare cause de trouble l'introduction d'une école protestante dans un pays où il n'existe pas un seul protestant d'origine. Quoi donc! le même droit qui ne sera pas contesté si vous êtes protestant par le hasard de la naissance, sera méconnu si vous l'êtes par l'effet d'une volonté réfléchie; plus votre conviction est sincère, plus elle est profonde, plus elle est spontanée, moins elle obtiendra de respect! En présence de pareilles interprétations, on pourrait se croire revenu au temps des édits contre les apostats et les relaps. L'interdiction prononcée contre l'école de la Gaude fut renouvelée l'année suivante, le 10 mars 1852, contre l'école de Cannes. — La même année, les écoles de la Vienne sont interdites. — En 1854, le pasteur Corbière, nommé par le conseil presbytéral d'Agen et approuvé par le consistoire de Laffite, veut ouvrir une école à Sauveterre. Le préfet l'interdit dans l'intérêt des mœurs et de l'ordre public. Le conseil départemental maintient l'interdiction (séance du 15 décembre 1854).

Quelque chose de plus grave encore, ce sont les refus de sépulture et les interdictions de services funèbres prononcés dans diverses localités, entre autres à Estissac (décembre 1852) et à Villefavard (Haute-Vienne, décembre 1854). Si jamais l'homme éprouve le besoin de célébrer le culte qu'il s'est librement choisi, certes c'est en présence de la mort. Il se sent alors suspendu, pour ainsi dire, entre le néant et l'être. Un instinct irrésistible le pousse vers Dieu, source intarissable de la vie universelle; et, comme l'âme profondément émue a besoin de s'épancher au dehors, comme elle puise une force nouvelle dans la sympathie des autres, les parents et les amis du défunt se rassemblent autour de la tombe encore ouverte; ils confondent dans un même élan de foi et d'amour leurs douleurs et leurs espérances; en un mot, ils accomplissent un acte religieux. Quelles que soient les cérémonies extérieures, quelle que soit la formule des prières ou le costume de l'homme qui, parlant au nom de tous, bénit la mémoire du défunt et console les survivants, nous sommes ici dans l'enceinte d'un sanctuaire inviolable. L'autorité ne saurait intervenir sans profanation.

Les consistoires se sont émus des faits que nous venons de rappeler[1]. Le conseil central placé à la tête des Églises réformées de France s'est fait l'organe des plaintes du protestantisme auprès du gouvernement. On a promis que désormais les entraves disparaîtraient. Attendons. Les principes de 89 ne sont sans doute pas un vain mot. L'histoire est là pour apprendre que tôt ou tard ces principes réclament la satisfaction qui leur est due. Avant tout, respect à la liberté de conscience; elle est la mère de toutes les autres libertés; elle les enfante d'elle-même, naturellement et sans effort; derrière elle s'abrite tout un monde d'idées, qui fermentent d'abord dans la sphère philosophique et religieuse, et qui plus tard éclatent dans le domaine des choses pratiques.

1. Voyez deux délibérations du consistoire du Havre, 19 décembre 1853, et une du consistoire de Caen, 29 novembre 1853, insérées dans le journal *le Lien*, numéro du 7 janvier 1854.

II

J'ai considéré jusqu'ici le protestantisme dans ses rapports avec la société. Je voudrais maintenant le considérer dans son organisation extérieure, dans ses doctrines et son culte.

Au point de vue de l'organisation extérieure[1], le protestantisme est divisé en deux Églises : l'Église réformée et l'Église de la confession d'Augsbourg. Cette division, purement officielle comme nous le verrons plus loin, se rattache à des faits historiques bien connus. L'Église réformée est née dans la vieille France ; elle est l'héritière des anciennes Églises calvinistes. L'Église de la confession d'Augsbourg embrasse les provinces autrefois allemandes, conquises par Louis XIV, particulièrement l'Alsace ; elle représente les anciennes Églises luthériennes.

Toutes les deux ont une base démocratique.

Dans chaque paroisse se trouve un *conseil presby-*

1. Voyez sur ce point la loi du 18 germinal an x, le décret du 26 mars 1852, les arrêtés ministériels du 10 septembre 1852, du 10 mars 1852 et du 20 mai 1853.

Dictionnaire de l'Administration française, par Maurice Bloch, V° Cultes non catholiques. *Manuel d'un Code ecclésiastique à l'usage des deux Églises protestantes de France*, par Ch. Buob.

téral, composé de quatre membres laïques au moins, sept au plus, et présidé par le pasteur ou l'un des pasteurs. Les membres laïques sont élus par le vote des protestants inscrits sur le registre paroissial, c'est-à-dire par le suffrage universel.

Sont inscrits sur le registre paroissial, sur leur demande, les protestants français qui, ayant trente ans révolus et deux ans de domicile dans la paroisse, établissent qu'ils appartiennent à l'Église de la confession d'Augsbourg ou à l'Église réformée. Toutes les incapacités édictées par les lois, entraînant la privation du droit électoral politique, font perdre également le droit électoral paroissial.

Les différentes paroisses sont groupées autour d'une église principale qui prend le nom d'*Église consistoriale* et qui doit réunir au moins 6,000 âmes. L'Église consistoriale est administrée par un *consistoire*, lequel est composé : 1° de tous les pasteurs du ressort ; 2° de laïques délégués par les conseils presbytéraux.

Les consistoires et conseils presbytéraux sont renouvelés tous les trois ans.

Tous les pasteurs sont égaux entre eux. Dans l'Église réformée, ils sont nommés par les consistoires, sauf approbation du gouvernement.

Dans l'Église de la confession d'Augsbourg, l'autorité des fidèles est beaucoup moins directe et moins étendue. Cinq églises consistoriales réunies forment une *inspection* composée d'un ministre et d'un ancien de chaque église. Chaque inspection désigne deux députés laïques pour être membres du consistoire supérieur.

Le *consistoire supérieur* comprend, outre ces députés : 1° les inspecteurs ecclésiastiques nommés par le gouvernement; 2° un professeur du séminaire luthérien; 3° un président et un membre laïque nommés par le gouvernement.

Le consistoire supérieur désigne deux députés qui, adjoints au président et au membre laïque nommés par le gouvernement, constituent le *directoire*. C'est le directoire qui désigne les pasteurs au choix du gouvernement. Ainsi, les pasteurs se trouvent nommés par le suffrage des fidèles au cinquième degré ; encore ce suffrage est-il altéré à chaque degré par l'intervention des fonctionnaires administratifs.

Dans l'Église réformée, les pasteurs sont nommés par le suffrage au troisième degré.

A la tête de tous les consistoires fonctionne un *conseil central* dont les membres sont nommés, pour la première fois, par le gouvernement, et qui représente toutes les Églises réformées (décret du 26 mars 1852). Les deux plus anciens pasteurs de Paris en font partie de droit.

Il y a deux *facultés de théologie*, l'une à Strasbourg, l'autre à Montauban. Le directoire désigne les candidats pour l'Église de la confession d'Augsbourg. Les candidats de l'Église réformée sont choisis par tous les consistoires et nommés par le ministre sur avis du conseil central. Les facultés délivrent les certificats d'études et confèrent les grades. Pour être reçu pasteur, on exige le diplôme de bachelier en théologie.

Il est encore question de *synodes* dans la loi de germinal an X. Ces synodes étaient autrefois les assemblées générales du protestantisme. Aujourd'hui, ils sont à peu près supprimés, sinon légalement, du moins en fait.

En dehors de l'organisation officielle, se trouvent quelques églises dissidentes; elles s'administrent elles-mêmes, en général, d'après des principes démocratiques. La plus importante est l'Union des églises évangéliques; elle comprend environ 1,800 membres et une trentaine de lieux de culte.

III

Déjà le lecteur aura pu saisir deux des caractères essentiels du protestantisme, le besoin de liberté dans son développement social, et la prédominance de l'élément démocratique dans son organisation. Cependant, nous n'avons fait qu'effleurer la surface; nous avons sous les yeux un corps sans âme; il faut pénétrer plus avant, exposer les doctrines dont il est l'organe, découvrir les idées qui germent dans son sein, ses luttes, ses agitations, ses tendances, ce qui constitue sa vie intime, sa vie morale et intellectuelle.

Dans la préface de l'*Histoire des Variations*, nous lisons ces remarquables paroles :

« On déplorera les misères de l'esprit humain et on reconnaîtra que le seul remède à de si grands maux, c'est de savoir *se détacher de son propre sens* ; car c'est ce qui fait la différence du catholique et de l'hérétique. Le propre de l'hérétique, c'est-à-dire de celui qui a une opinion particulière, est de *s'attacher à ses propres pensées* ; et le propre du catholique, c'est-à-dire de l'universel, est de préférer à ses sentiments le sentiment commun de toute l'Église; c'est la grâce qu'on demandera pour les errants... »

Il est impossible de mieux définir les choses. L'esprit lucide et logique de Bossuet précise en un mot les véritables données du problème. C'est le privilége du génie d'éclairer les grandes questions, par la manière dont il les pose, alors même qu'il les résout contrairement à la vérité. Pour le catholique, se détacher de son propre sens, accepter les croyances reçues; pour l'hérétique, s'attacher à ses propres pensées, se créer à lui-même ses propres croyances. Pas de milieu entre ces deux voies. Le protestantisme a choisi la dernière, non sans quelque hésitation au début; il doit aller jusqu'au bout.

Il y a des gens qui aiment la liberté d'un amour timide; ils la veulent calme, impassible, uniforme, indifférente, silencieuse. Si elle a des emportements soudains, si elle se précipite outre mesure, les transports désordonnés qu'elle excite, les passions qu'elle soulève, les émotions et les inquiétudes qu'elle fait naître les épouvantent. Ils pâlissent, reculent et vont se précipiter sous le joug. La liberté renie ces âmes faibles, ces cœurs amollis. Il faut l'aimer comme on aime la vertu, sans illusions chimériques et sans désespoir, avec ardeur et patience. S'efforcer de lui faire produire le plus tôt possible tous les fruits qu'elle promet, rien de plus légitime; mais en attendant, il faut savoir accepter d'elle ses effervescences et ses tempêtes. « Notre nature est dans le mouvement (a dit « Pascal); le repos entier, c'est la mort [1]. »

1. *Pensées* de Pascal, édit. Havet. Article xxv, 7.

Une des conséquences nécessaires et immédiates de la liberté, c'est la diversité des doctrines, et c'est aussi le grand reproche que lui font ceux qui la repoussent. « Vous méconnaissez (disent-ils) le but vers lequel marche le genre humain, l'unité, et en même temps le trait distinctif de la vérité, l'absolu. » Ils ne s'aperçoivent pas qu'ils commettent une grave erreur, la vérité étant absolue en elle-même, mais non par rapport à l'homme qui ne l'aperçoit jamais que d'une manière relative, incomplète, et par conséquent diverse ; d'où il résulte que l'unité dont ils parlent est impossible. En fait, cette unité prétendue n'a jamais été qu'un mensonge. Sans le vouloir, Bossuet le démontre admirablement. Quel est le mécanisme du système ? Il est bien simple : mettre le sens universel à la place du sens individuel *au nom de l'autorité*, c'est-à-dire supprimer toute croyance individuelle ; et comme l'unité se compose de l'ensemble de toutes les parties, les parties individuelles étant supprimées, il ne reste plus rien que l'unité du néant. Ne dites pas que l'acceptation du sens universel est volontaire ; car l'acceptation volontaire d'un sens quelconque suppose la spontanéité, l'individualité, et par conséquent la réflexion, l'examen, la liberté, ce qui est contraire à votre principe. Ne dites pas non plus que si le sens universel est imposé à l'individu par l'autorité, l'autorité elle-même est acceptée volontairement. Qu'importe ? Vous n'avez fait qu'accepter volontairement votre propre servitude ; c'est une honte de plus, voilà tout ; mais votre acceptation volontaire de la servitude ne peut pas rendre libre ce qui suit, à savoir l'acceptation du sens universel ; et cette acceptation n'étant pas libre, comme pensée, comme croyance, elle n'existe pas ; elle est nulle. La véritable unité, l'unité possible, ou plutôt l'union, celle qui embrasse une collection de croyances réfléchies, individuelles, mais convergeant toutes vers le même centre, celle-là naît de la liberté et de la liberté seule. Nous verrons plus tard comment et dans quelles limites elle peut se produire.

Ainsi s'expliquent les variations du protestantisme ; le principe de la liberté d'examen une fois admis, elles ne pouvaient pas ne pas être. Quelquefois les protestants ont essayé de les dissimuler : c'était voiler leur drapeau, méconnaître l'élément vital de la Réforme et la raison même de son existence. Ces tentatives ont été vaines : « L'hérésie qui a commencé par innover, « innove toujours et ne change point de nature. [1] » De là l'impossibilité de définir exactement le protestantisme ; une définition trop large aujourd'hui sera peut-être trop étroite demain. Mais sans vouloir le définir, on peut en donner une idée générale, nécessairement un peu vague et néanmoins suffisamment claire pour servir de point de départ.

Le protestantisme embrasse tous ceux qui trouvent dans l'Évangile, librement interprété, la source la plus abondante de la vérité religieuse, et dans la vie

1. Bossuet, préface de l'*Histoire des Variations*.

du Christ le type idéal de la vie humaine. Les protestants les plus exclusifs ne sauraient nier qu'en dehors de l'Évangile l'homme rencontre une révélation permanente dans le spectacle de la nature, l'étude du cœur humain et le développement historique de l'humanité. D'autre part, il est certain que les protestants les plus radicaux, les plus rationalistes, se rattachent d'une manière quelconque à la tradition chrétienne.

Le centre commun une fois établi, voyons quelles sont les divergences. L'ancienne distinction des luthériens et des calvinistes n'existe plus en dehors des actes officiels; elle n'a plus de sens pour les trois quarts des protestants. Aussi la réunion des deux Églises a-t-elle été demandée d'une manière formelle par les délégués des consistoires en 1848. La grande division, ici comme partout, est celle des hommes du passé et des hommes de l'avenir. Les premiers se qualifient eux-mêmes de méthodistes ou *orthodoxes*; leurs adversaires les appellent exclusifs. Les seconds forment le parti des protestants avancés, non-exclusifs, progressistes ou *libéraux*; leurs adversaires les désignent par le nom de rationalistes : quelques-uns d'entre eux acceptent cette épithète; nous expliquerons plus loin comment ils la justifient. Entre ces deux partis figure une masse flottante d'esprits conciliateurs, timides ou indifférents, préoccupés avant tout de maintenir le calme et la paix, ou bien absorbés par les préoccupations de la vie journalière, étrangers au monde des choses spirituelles. Leur importance numérique est considérable; mais en fait de doctrine, il s'agit de peser et non de compter les voix. A ce point de vue on peut négliger les intermédiaires.

IV

Les orthodoxes, confondant les principes essentiels et durables avec les dogmes transitoires de la réformation, s'efforcent de croire et d'enseigner ce que croyaient et enseignaient les protestants du seizième siècle. Ils invoquent la confession d'Augsbourg s'ils sont de l'Église luthérienne, ou la confession de La Rochelle, s'ils sont de l'Église réformée; mais, emportés malgré eux par le courant du siècle, ils abandonnent certains articles, adoucissent les autres, au moins dans les termes, et refont ainsi de nouvelles confessions de foi. Trois traits principaux les caractérisent : ils sont formalistes, mystiques et exclusifs. On dirait que le vieil esprit hébraïque revit en eux [1].

Le formalisme des protestants orthodoxes ne se manifeste pas, comme dans l'Église romaine, par la pompe des cérémonies, les pratiques de dévotion extérieure et le grand nombre des rites. Ils seraient plutôt enclins à exagérer l'austérité du culte. Le formalisme dont il s'agit ici consiste à matérialiser les croyances

1. Consultez sur les doctrines des orthodoxes : le *Recueil des sermons* du pasteur Ad. Monod; les *Archives du Christianisme;* la collection du journal *l'Espérance ;* la *Revue chrétienne.*

par des interprétations littérales et par de vaines formules. Plus ils se rapprochent des dogmes primitifs de la réforme, plus ils méconnaissent son esprit. C'est ce que je vais chercher à éclaircir.

Quel a été l'esprit général de la Réforme lorsqu'elle éclata par la bouche de Luther? Un réveil de la conscience, une protestation du spiritualisme contre l'élément matériel qui prédominait dans l'Église catholique. La nature de ce mouvement religieux fut en harmonie parfaite avec les causes immédiates qui le provoquèrent. Où est-ce que Luther reçut les premiers germes de son idée? A Rome, au sein même de la cour pontificale; derrière les apparences trompeuses du dehors, il aperçut le scepticisme et la corruption au fond des âmes; il ressentit le dégoût de ces pratiques inutiles. Quand est-ce qu'il réalisa son idée? Après le scandale de la vente des indulgences, c'est-à-dire après avoir vu s'acheter à prix d'argent le pardon des péchés et le salut. Alors il proclama le salut gratuit, l'impuissance des œuvres et la justification par la foi. Quelle était pour lui la foi justificatrice? Était-ce un ensemble de dogmes formulé par un pape ou un concile, imposé par une autorité humaine? Non : c'était la foi au salut, la certitude d'être sauvé, c'est-à-dire, pour parler un langage plus philosophique, la confiance absolue en Dieu, le sentiment inébranlable de sa toute-puissance et de sa bonté.

Il est facile de voir que cette doctrine était une doctrine d'émancipation. La foi ainsi entendue est la chose du monde la plus personnelle, la plus intime, la plus indépendante de tout contrôle; et comme on la déclarait suffisante pour la justification, l'homme moral tout entier échappait au joug de l'Église. Pascal le comprenait bien, quand il disait :

« Dieu ne regarde que l'intérieur; l'Église ne juge que par l'extérieur. Dieu absout aussitôt qu'il voit la pénitence dans le cœur; l'Église quand elle la voit dans les œuvres... Mais vous voulez que l'Église ne juge ni de l'intérieur parce que cela n'appartient qu'à Dieu, ni de l'extérieur parce que Dieu ne s'arrête qu'à l'intérieur; et ainsi *lui ôtant tout choix des hommes*, vous retenez dans l'Église les plus débordés et ceux qui la déshonorent si fort que les synagogues des juifs et les sectes des philosophes les auraient exilés comme indignes et les auraient abhorrés comme impies[1]. »

Cette doctrine était aussi un moyen de régénération. Elle inclinait l'âme à se replier sur elle-même, elle subordonnait l'action à la pensée; la conscience devenait souveraine. On ne peut nier que surtout chez les calvinistes elle ne produisit des mœurs sévères et une grande fermeté de cœur au milieu des persécutions. Mais peut-être ne tenait-elle pas assez compte du besoin que l'homme éprouve d'exprimer sa foi, de la manifester et de la répandre? Ce besoin ne tarda pas à se faire sentir. De là les systèmes dogmatiques, les formules et les confessions rédigées par articles. C'était la réaction de l'élément extérieur, réaction lé-

---

1. *Pensées* de Pascal, édit. Havet. Article xxiv, 62.

gitime en elle-même, mais qui devenait abusive dès qu'elle imposait comme obligatoire la croyance à tel ou tel dogme; dès lors elle rendait dangereuse la doctrine de la justification par la foi.

On se trouvait ainsi entraîné dans une série de contradictions et d'inconséquences; on dénaturait le principe même de la Réforme, qui était un principe spiritualiste, un principe de liberté morale. On la dénatura bien plus encore par l'adoption et l'exagération de la théorie augustinienne sur la grâce. Si l'on s'en tient au sens étymologique et rationnel, la grâce est la qualité qui rend une chose aimable. La grâce de Dieu est donc ce charme suprême par lequel Dieu nous attire vers lui; elle excite en nous l'amour divin, c'est-à-dire l'aspiration de l'âme vers l'idéal du vrai, du beau et du bien. Elle est la cause première de notre perfectionnement, de notre salut; de même que la puissance créatrice de Dieu est la cause première de notre existence. Qu'y a-t-il en elle d'incompatible avec le libre arbitre? Le foyer d'amour a été allumé dans notre cœur, il s'agit de l'entretenir; le but est montré, il faut y marcher. Le mérite de l'homme est là. Les œuvres sans l'amour ne sont rien; ce sont des faits inertes, des actes purement matériels; mais les œuvres inspirées par l'amour ne sont pas stériles, et l'on ne saurait croire qu'elles passent inaperçues devant la justice divine. Les réformateurs ne virent pas le côté humain de la question; ils ne virent pas ce qu'il y a d'actif même dans la foi, même dans l'amour; ils ne virent pas combien il dépend de l'homme de comprimer ou de favoriser ces élans intérieurs de l'âme. Épouvantés par l'effroyable corruption du monde catholique, acceptant d'ailleurs la doctrine, universellement répandue alors, du péché originel, ils crurent à la dépravation complète de l'homme, à son impuissance radicale pour se régénérer. Ils en vinrent ainsi à nier le libre arbitre et à transformer la théorie de la grâce en une sorte de fatalisme païen. Logiquement, après avoir nié le libre arbitre, on devrait repousser la distinction du bien et du mal. Ils reculèrent devant cette conséquence extrême, et par je ne sais quelle aberration déplorable de l'esprit humain, ils arrivèrent à imaginer la grâce tout à la fois irrésistible et capricieuse, accordée aux uns, refusée aux autres; ils inventèrent un peuple d'élus et un peuple de réprouvés : les premiers créés de toute éternité pour le salut, les derniers pour la damnation. Tel est le dogme de la prédestination, dogme sauvage qui assombrit la source du protestantisme et qui en écarte bien des âmes sympathiques. Demander à ce dogme le principe de la réformation, c'est chercher la force vivifiante d'un vin généreux dans la lie qui l'accompagne et le souille. Le principe de la réformation, le seul véritable et fécond, c'est l'esprit dominant la matière, c'est-à-dire la foi mise à la place de la dévotion extérieure, le livre substitué à l'autel, le libre examen détrônant l'autorité.

Les orthodoxes ne l'ont pas compris. Ils repoussent

cette loi de l'innovation sans fin que le génie de Bossuet déclarait inhérente à l'hérésie ; ils conservent tous les vieux dogmes du seizième siècle ; puis, inconséquents dans leur inconséquence même, ils les simplifient, ils les résument d'une manière plus nette, plus brève, avec des formules moins terribles. A cet égard, voici comment s'exprimait leur représentant le plus illustre, le pasteur Adolphe Monod :

« C'est un des traits distinctifs de notre temps que, charitablement avare de cette affirmation absolue dont le seizième siècle s'est montré trop prodigue, il la réserve pour un petit nombre de doctrines fondamentales. Encore s'applique-t-il à en resserrer le cercle jusqu'à ce que, parvenu au centre vivant et comme au cœur de la vérité, il la résume en un seul nom, Jésus-Christ, en un seul mot, la grâce ; Jésus-Christ, mais *Jésus-Christ* reçu, saisi, invoqué, *adoré comme le Dieu* sauveur : la grâce, mais une *grâce jalouse* qui ne veut entendre à aucun partage avec les mérites de l'homme ; » et plus loin : « Quant à nous, nous incluons tout ce qui reconnaît Jésus-Christ Dieu sauveur de l'homme perdu ; nous excluons tout ce qui ne le reconnaît pas. »

C'est là ce qu'il appelait la foi centrale, la foi suffisante, mais nécessaire [1]. Toujours cette funeste anti-

1. Voyez son discours intitulé : *L'Exclusisme ou l'unité de la foi*, et la réponse du pasteur Montandon : *L'Exclusisme considéré au point de vue de l'Église protestante*. Voyez encore le *Recueil des sermons* de Ad. Monod, et entre autres, dans la première série, la sanctification par le salut gratuit.

thèse : l'homme esclave du péché, et néanmoins responsable, incapable de faire le bien, et néanmoins maudit pour ne pas avoir fait ce qu'il ne pouvait pas faire, sauvé sans avoir mérité de l'être, justifié par les mérites d'un autre. On se demande comment de pareilles erreurs sont possibles chez des personnes dont on ne conteste ni la sincérité, ni le talent. La réponse est dans cette parole célèbre : « La lettre tue, mais l'esprit vivifie. » La lettre tue, parce qu'elle étouffe l'idée sous la formule, la morale sous le dogme, la liberté sous un joug prétendu divin, la lumière de la raison sous les ténèbres du fanatisme.

Les orthodoxes périssent par la lettre. Quoi de plus clair? quand on les voit soutenir la doctrine de l'inspiration littérale et absolue des Écritures. Ils lisent l'Évangile comme certains amateurs regardent les tableaux de Raphaël ou les sculptures de Michel-Ange. Ceux-ci aperçoivent des lignes, des contours, des nuances plus ou moins agréables à l'œil ; rien de plus. La pensée qui se cache sous la forme, ils ne la cherchent point ; le sentiment qui anime la toile ou le marbre, ils l'ignorent, c'est-à-dire qu'ils méconnaissent ce qui rend immortelle l'œuvre de l'artiste, ce qui fait le fond de son génie. Les orthodoxes agissent de même : ils s'en tiennent au sens apparent, ils ne pénètrent pas plus loin, et alors ils trouvent des textes pour consacrer les doctrines les plus absurdes. A vrai dire, il faudrait un miracle pour les éclairer dans leur lecture ; car ayant repoussé la raison comme impie et dangereuse[1], il ne leur reste aucun moyen efficace d'arriver à une saine intelligence de l'Évangile.

Que devient la vie religieuse au milieu de ces interprétations étroites, de ces dogmes incompréhensibles, de ces antinomies insolubles? Elle s'éteint dans l'indifférence ou elle aboutit au mysticisme. Cette alternative se produit nécessairement toutes les fois qu'on veut imposer à l'homme des croyances contraires à la raison. L'indifférence est l'état naturel de l'âme qui se soumet sans examiner; elle accepte tout, mais elle ne s'assimile rien; elle s'endort dans les bras de la servitude et du repos. Que des hommes emportés par le tourbillon des affaires, entraînés par les passions sensuelles, ne cherchant dans le monde que les satisfactions de l'intérêt et les enivrements du plaisir, s'abandonnent à cette sorte de *far niente* voluptueux, nous n'en sommes point surpris; tôt ou tard les déceptions et les crises viendront les troubler dans leur inertie et les rappeler au sentiment du devoir; nous n'avons pas mission de les avertir. Ce qui nous étonne, c'est de rencontrer des philosophes, des savants, qui se complaisent dans l'indifférence religieuse et qui félicitent le catholicisme de ce résultat glorieux[2]. Ils oublient qu'un lien inévitable rend solidaires toutes les branches de l'activité intellectuelle.

1. « Je n'en appelle pas au suffrage de la raison que peut-être je n'obtiendrais pas, et dont je n'ai pas besoin..... » Ad. Monod, *Sermons*, première série. Lyon, p. 51.

2. Pascal, *Pensées*, édit. Havet. Article xxiv, 66.

Là où manque l'aspiration incessante vers l'idéal divin, l'esprit tout entier s'énerve et la mort envahit le monde moral. L'orthodoxie protestante devait engendrer l'indifférence; elle l'a fait. Depuis l'ère des persécutions jusqu'à ces derniers temps, rien de plus silencieux que le protestantisme. Cette époque de calme eût été mortelle si elle eût été plus longue. « Le silence est la plus grande persécution; jamais les saints ne se sont tus[1]. »

Chez les natures ardentes, l'orthodoxie amène l'effet inverse; elle excite le mysticisme. Le mysticisme n'est autre chose que l'imagination passionnée exaltant le sentiment religieux. Si vous formulez des dogmes inflexibles et immuables, si vous excluez l'intervention de la raison humaine, l'âme ne pouvant plus s'élever à Dieu par la libre recherche de la vérité, par le développement progressif de l'intelligence, s'efforce de le contempler face à face; elle se plonge dans l'infini, elle s'y perd et s'y anéantit; ou bien, dans son impuissance à saisir l'être des êtres, l'esprit pur objet de son amour, elle le matérialise. Elle abuse de tout, même de la prière; elle demande à Dieu, non de l'éclairer, mais de la confirmer dans ses croyances; par excès d'adoration, elle arrive à un culte idolâtre. Les symboles perdent leur sens poétique et figuré; ils prennent un corps, pour ainsi dire; on ne se contente pas de les comprendre, on veut les voir et les

1. Voyez l'article de M. Renan sur Channing et les Unitaires. *Revue des Deux-Mondes*, numéro du 15 décembre 1854.

toucher. On invoque le sang de Jésus-Christ, comme les prêtres païens invoquaient le sang des victimes. On restaure le sacrifice antique. On retombe sous d'autres formes, et avec des paroles différentes, dans toutes les superstitions que l'Évangile devait abolir. Loin de nous de prétendre que l'imagination et la passion soient incompatibles avec la vie religieuse; dirigées et contenues par la raison, elles auront leur influence légitime. A cette condition seulement l'imagination enfante la poésie sacrée, et l'amour divin se traduit par la pratique de la vertu, par le dévouement à l'humanité.

Indifférents ou mystiques, les orthodoxes finissent toujours par être exclusifs. Ils s'enferment dans leur étroite formule; les indifférents parce qu'ils ne veulent pas être troublés dans leur repos, les mystiques parce qu'ils croient posséder la vérité absolue et qu'en dehors du dogme, tel qu'ils le conçoivent, ils n'admettent pas de sanctification possible, ni par conséquent de lien religieux entre les âmes. Au nom de la grâce, ils arrivent à l'infaillibilité pour eux-mêmes et à la damnation pour les autres, absolument comme le fait l'Église catholique au nom de l'autorité traditionnelle. Dès lors il ne leur reste plus qu'à choisir entre deux partis également déplorables. Le premier consiste à imposer leurs dogmes par l'exclusion des incrédules du sein de l'Église. C'est en effet ce que demandent beaucoup d'entre eux. Ils veulent qu'on rédige une confession de foi, qu'on soit tenu de la signer pour être pasteur, pour voter dans les élections paroissiales et même pour être admis à la sainte cène; ils réclament une discipline sévère pour maintenir la prédication et l'enseignement dans les justes limites tracées par les articles de la confession. Mais alors que devient le libre examen ? On le rejette, ou, ce qui est la même chose, on le définit de la manière suivante : « Le libre examen en religion est le libre choix et la libre profession d'une doctrine religieuse, juive, mahométane ou chrétienne [1]. » On le confond avec la liberté des cultes dont il est parfaitement distinct; la liberté des cultes consacre le droit de citoyen; le libre examen consacre le droit du fidèle. Le libre examen une fois supprimé, à quoi se réduit le protestantisme des orthodoxes ? Il dégénère en une sorte de catholicisme bâtard, transaction misérable entre l'autorité et la révolte. Au fond, la plupart des orthodoxes sont des catholiques inconséquents.

« Il faut convenir, disait Channing, que dans sa lutte avec le catholicisme, le protestantisme est soumis à quelques désavantages, et l'on doit s'attendre qu'il trahira quelque sentiment de faiblesse. Beaucoup de sectes protestantes reposent sur les mêmes fondements que le catholicisme. Leurs confessions de foi et leurs excommunications renferment la grande idée d'infaillibilité aussi certainement que les décrets de Trente et du Vatican; et si l'on doit choisir entre diverses infaillibilités, il y a beaucoup de raisons pour

1. M. Matter, *Sur la liberté et l'autorité en matière de religion.*

préférer celle de Rome. Elle a pour elle la durée, la majorité des suffrages, une usurpation plus audacieuse et une affirmation plus hardie. Les papes de nos différentes sectes sont assurément moins imposants pour l'imagination que le pape de Rome [1]. »

Si les protestants orthodoxes restent fidèles au principe du libre examen et s'ils veulent en même temps maintenir leurs dogmes inflexibles, ils ne trouvent d'autre issue que l'isolement. Une pente naturelle les conduit à se séparer de l'Église commune; plusieurs d'entre eux ont eu le courage de le faire; en cela ils se sont montrés logiques. L'orthodoxie qui ne parle pas au nom de l'autorité a pour effet nécessaire de multiplier les sectes. Poussée à ses dernières limites, elle supprimerait toute espèce de culte social, chacun ayant le droit de rechercher librement sa croyance et la prétention d'arriver à l'infaillibilité. La Bible même ne serait plus un lien; étudiée sans la lumière de la raison, elle ne fournit que des textes contradictoires. L'orthodoxie non catholique aboutit à l'individualisme [2]. C'est par là peut-être qu'elle a le plus com-

____

1. Voyez *le Disciple de Jésus-Christ*, recueil mensuel du progrès moral et religieux, publié par J. Martin Paschoud, pasteur, 1855, p. 563.

2. Les orthodoxes ont fondé, en se séparant : 1° *L'Union des Églises évangéliques de France*; 2° *l'Église de Lyon*, qui comprend 500 membres. Les autres sectes sont des importations étrangères. Je citerai : 1° *L'Église méthodiste wesleyenne* (du nom de Wesley, son fondateur en Angleterre), qui compte 1,178 membres. Les wesleyens se distinguent des calvinistes orthodoxes, en ce qu'ils rejettent le dogme de la prédestination. Ils croient que tout chrétien peut arriver à la sanctification entière ; 2° les *Darbystes* ou frères de Plymouth ; ils croient à la prédestination ; ils pensent que

promis la cause de la Réforme. Le fait est que les orthodoxes sont à la religion protestante ce que sont à la démocratie américaine les démocrates des États du Sud, défenseurs de l'esclavage des noirs.

l'Église a apostasié depuis qu'elle est unie avec l'État, et n'admettent pas de ministère ecclésiastique ; 3° les *Irwingiens*. Ils veulent revenir à la constitution de l'Église telle qu'elle était à l'époque des apôtres ; 4° les *Baptistes ;* ils se distinguent par le baptême des adultes. — Je ne parle pas de l'*Église anglicane*, Église éminemment anglaise (comme son nom l'indique), et qui demanderait à elle seule une longue étude. On peut consulter à ce sujet un article très-intéressant, publié par madame Mary Meynieu dans le *Disciple de Jésus-Christ,* numéro du mois de novembre 1856.

V

J'aborde maintenant le véritable protestantisme, je veux dire le seul qui se distingue des autres religions positives par des différences profondes et radicales. Ici se rencontrent des éléments nouveaux qui long-temps parurent incompatibles avec la vie religieuse : la liberté, la raison et le progrès.

Nous avons vu que les protestants orthodoxes accep-taient en principe le libre examen, mais qu'ils le restreignaient en pratique par le système des confes-sions de foi. Les protestants libéraux l'acceptent fran-chement avec toutes ses conséquences. Ils ne veulent « faire par aucun chemin retour vers l'autorité[1]. » Ils

1. Voyez la lettre du pasteur Ath. Coquerel à M. Guizot sur son article de la *Revue française*, intitulé : *Du Catholicisme, du Protestantisme et de la Philosophie en France*, p. 31 ; lettre datée du mois d'août 1838. M. Guizot, dans cet article, affirmait que la France ne deviendrait point protestante et que le protestantisme ne périrait point en France. Depuis, il a renouvelé cette déclaration. (Voy. le *Lien* du 30 mars 1856.) On re-connait là cette fameuse maxime des doctrinaires *résignation aux faits accomplis*. Maxime catholique s'il en fut jamais. Pourquoi donc M. Guizot persiste-t-il à rester membre du consistoire de Paris ? Ne croyant pas à l'ave-nir du protestantisme, dans quel but se mêle-t-il de le diriger ? Serait-ce pour en faire un instrument de politique conservatrice ?... Que les protes-tants prennent garde. Au seizième siècle, la réforme a triomphé en Hol-lande par le dévouement des *gueux* (voy. *Marnix de Saint-Aldegonde,*

repoussent toute espèce d'exclusion. Ils maintiennent dans le sein de l'Église quiconque se déclare protestant ; s'il est hypocrite dans sa déclaration, il le serait tout autant pour signer les articles d'une confession de foi : sinon, s'il est sincèrement protestant, de quel droit viendrait-on contester son protestantisme [1]? Le libre examen n'est pas seulement pour eux la liberté religieuse, c'est aussi la liberté dogmatique. Reconnaissant que la foi homogène est une chimère, ils y substituent la tolérance mutuelle et s'efforcent ainsi d'écarter l'esprit de secte, esprit étroit, égoïste et fanatique.

Cette tendance antisectaire du protestantisme français est chose remarquable, d'autant plus qu'elle se manifeste précisément là où la liberté est la plus grande et au nom même de la liberté. Au fond, il s'agit de résoudre le problème suivant : arriver à une religion tout à la fois universelle et individuelle. Le catholicisme, par le principe d'autorité, efface purement et simplement l'un des termes. Le protestantisme les accepte tous les deux, et s'il n'est pas encore parvenu à la solution, du moins il la cherche. Il ne faut pas

par Edgar Quinet); elle a succombé en France par les défaillances et les trahisons de la haute noblesse. Ce qui la menace aujourd'hui, ce qui entrave sa marche, c'est le parti de la haute-banque et des doctrinaires; ils pourraient bien la conserver, comme ils ont conservé le gouvernement de Louis-Philippe.

1. Quand il s'agit d'admettre une personne étrangère, on lui impose des conditions de *temps* et d'*instruction ;* on examine si les motifs qui la poussent à se convertir sont désintéressés et mûrement réfléchis. Là se bornent les formalités de l'abjuration.

qu'il se décourage : une tentative généreuse n'est jamais stérile; elle commence cette longue série d'efforts par lesquels l'obstacle est vaincu à la longue : elle ne décide pas la victoire, mais elle la prépare.

Dans l'état actuel, la question de l'unité protestante n'offre pas d'intérêt pratique. L'Église étant unie avec l'État, recevant de lui le salaire de ses ministres, et par contre dépendant des pouvoirs administratifs pour tout ce qui concerne son organisation extérieure, il est clair qu'il existe presque forcément un lien commun. Quelques protestants libéraux veulent conserver cette unité factice [1]. Il est vrai qu'ils la vivifient par le sentiment de la charité : ce sentiment doit être, en effet, le principe de toute association humaine; étudié dans sa source et les divers objets de son application, il constitue à lui seul toute une religion : l'amour est la loi suprême qui régit le monde moral. Mais de deux choses l'une : ou ce sentiment existe, et alors à quoi sert l'union avec l'État ? ou il n'existe pas, et alors comment pourrait-il naître d'un fait extérieur ? Tout ce qui n'est pas entièrement spontané est inutile ou dangereux. L'opinion de ceux qui rejettent l'unité factice créée par l'État est sans doute plus hardie, mais elle est aussi infiniment plus conforme à la nature du protestantisme et aux besoins de l'époque [2]. M. Martin

---

1. Voyez le *Lien* du 18 août 1849 : *De l'Immobilité dans le Protestantisme — l'orthodoxie moderne*, par le pasteur Ath. Coquerel.

2. Voyez le sermon du pasteur Ath. Coquerel : *L'Unité dans la charité.*

Paschoud, l'un des pasteurs de l'Église réformée de Paris, l'exprimait ainsi en 1850 :

« Liberté absolue (ce qui veut dire aussi liberté réciproque) à tous les cultes nés ou à naître de vivre, d'agir, de se répandre, *avec les seules ressources de leurs sectateurs*..... A ce système, tout gagne. — L'*État*, parce qu'à part quelques faciles mesures de simple police pour que l'ordre matériel règne au milieu de la liberté des cultes et pour que nul d'entre eux ne gêne l'exercice des autres, il se trouve à l'abri de leurs exigences... — La *Religion*, parce qu'elle rentre infiniment davantage dans le pur domaine de la conscience dont elle ne devrait jamais sortir pour envahir celui des intérêts mondains; parce qu'aux yeux des peuples, elle paraîtra d'autant plus honorable et sera en réalité d'autant plus respectée que ses ministres auront moins de part aux faveurs du pouvoir, aux émoluments du budget, parce que les prêtres, dans tous les cultes, avant de mettre la main à ces saintes et solennelles fonctions, consulteront plus leur vocation pour le sacerdoce que leurs besoins pour le métier. — L'*Église* enfin, la véritable Église, parce que dans la complète et libre discussion des doctrines, dans l'indépendante et absolue manifestation des opinions, dans la proclamation non plus officielle, non plus légale, non plus obligée presque de telle ou telle forme, de telle ou telle pratique, de tel ou tel culte, *la raison de tous* et de chacun, *juge en dernier ressort*, fera librement son choix, et qu'il n'est pas possible à moins de la nier en niant celui qui l'a donnée, il n'est pas possible que, délivrée de l'influence des traditions vieillies et laissée à ses seules inspirations, elle ne finisse par faire écho à la *vérité seule* et ne l'embrasse en la reconnaissant [1]. »

Ce qui effraye les partisans de l'union avec l'État, c'est de voir la séparation demandée par les orthodoxes. Les orthodoxes la demandent par intolérance : pour eux la séparation serait le signal d'une multitude de petites sectes. Qu'importe ? Ce qui est vrai de l'orthodoxie n'est pas également vrai du protestantisme libéral. D'ailleurs, quand les sectes se forment, elles ne font que déclarer une division préexistante : ce qu'il faut détruire, ce ne sont pas les sectes, mais plutôt la cause de leur formation ; il faut aller à la racine du mal. La racine du mal, nous l'avons vu, est dans l'esprit mystique et formaliste, dans cette fausse idée qui consiste à croire que l'homme puisse posséder la vérité entière et immuable. L'humanité, dans son développement intellectuel, se livre à un double travail qui concourt au même but par des moyens divers. Le premier travail consiste à découvrir la vérité ; c'est la phase de l'examen ; chacun cherche, chacun observe, chacun réfléchit, ceux-ci dans un sens, ceux-là dans un autre. D'abord il vous semble que vous avez le chaos ; autant d'individus, autant d'opinions diverses ; mais bientôt des groupes se forment, puis se réunissent ; certaines croyances individuelles se dé-

1. Lettre au rédacteur du *Lien*, 6 mai 1859, numéro du 18.

gagent du conflit général. On entre alors dans la phase de diffusion et de propagande. Il ne s'agit plus de chercher, il s'agit de répandre, jusqu'à ce qu'enfin une nouvelle croyance passe à l'état de vérité acquise, universellement reçue par l'adhésion libre et volontaire de tout le monde. Ainsi se forme le fond commun des connaissances humaines. Ainsi seulement l'unité est possible, ainsi seulement elle est légitime. La lumière éclate d'abord au choc de la liberté; bientôt elle éblouit les plus aveugles et pénètre les plus endurcis.

La tendance du protestantisme moderne vers l'unité s'est traduite au dehors par l'initiative qu'il a prise dans la fondation de l'alliance chrétienne universelle en 1854[1]. Le succès n'a pas répondu à l'attente des fondateurs; le milieu politique dans lequel nous vivons n'a pas été propice à l'alliance. Ses principes subsistent néanmoins, et sa propagande continue; peut-être se trouvera-t-elle un jour dans des circonstances plus favorables. Il sera temps alors de l'apprécier à sa juste valeur. L'avenir montrera si elle contient en elle des germes susceptibles de vie et d'épanouissement.

La même tendance se manifeste à l'intérieur du protestantisme par les doctrines nouvelles qui s'y produisent. Nous verrons, en effet, qu'elles inclinent toutes à simplifier, je ne dis pas tel ou tel dogme, ni seulement l'ensemble des dogmes protestants ou

1. Voyez, dans la *Revue de Paris* du 1ᵉʳ juin, l'article de M. Eug. Maron.

chrétiens, mais l'idée même de la religion, or, pour simplifier, il faut nécessairement s'élever à une conception des choses très-générale, en extraire pour ainsi dire la substance essentielle, y puiser une notion nette, précise, lumineuse, qui se démontre en quelque sorte d'elle-même et qui saisisse invinciblement les esprits. Une semblable synthèse n'a pas été accomplie ; elle ne pouvait l'être et ne le sera jamais d'une manière parfaite, la perfection n'étant pas accessible à l'homme. C'est déjà beaucoup de l'entrevoir. Plus on s'en approche, plus on augmente la sympathie des âmes entre elles, plus on s'avance vers le règne de la fraternité universelle, toujours attendu, mais poursuivi toujours, malgré l'amertume des épreuves, les désespoirs du scepticisme et le malheur des temps.

Laissant de côté ce qui ne se trouve encore qu'à l'état d'aspiration, il nous faut revenir au principe du libre examen et voir toutes les conséquences qui en découlent. « Selon le protestantisme, la Bible, source la plus abondante et la plus pure de la vérité religieuse, est livrée à la *raison souveraine en sa propre cause*[1]. » Il n'en saurait être autrement. Examiner, c'est juger, et l'on ne conçoit pas qu'il soit possible de juger sans une opération de l'intelligence, sans l'intervention de la raison. Remarquez qu'il ne s'agit pas ici d'une intervention passagère, provisoire, unique, comme dans le système du catholicisme, où la raison humaine intervient une fois pour abdiquer ensuite et

1. Lettre du pasteur Ath. Coquerel à M. Guizot, précitée, p. 8.

disparaître; il s'agit d'une intervention continue, incessante, perpétuelle. Il est vrai que cette souveraineté semble avoir la Bible pour limite; mais la limite n'est qu'apparente; l'inspiration totale et littérale n'étant pas reconnue des protestants libéraux, la raison seule peut apprécier si tel passage est inspiré ou non; seule encore elle juge à quels signes l'inspiration se révèle; or, quels peuvent être ces signes, si ce n'est la conformité du texte avec la vérité conçue par la raison? La raison reste donc toujours souveraine en dernière analyse. Il y a même des protestants qui soutiennent que la Bible est une histoire, non un enseignement, et qu'elle se résume dans un seul fait auquel tout vient aboutir, à savoir la vie du Christ. Quoi qu'il en soit, la Bible n'est point un obstacle à la souveraineté de la raison; elle est au contraire l'instrument principal par lequel s'exerce cette souveraineté.

De là l'expression de *rationalistes* dont se servent les orthodoxes pour désigner leurs adversaires. En général, ces derniers se récrient; le mot leur fait peur. Il ne faut pas s'en étonner; rien n'est plus rare chez l'homme que la logique. Celui qui pose un principe n'en aperçoit presque jamais toutes les conséquences; le temps se charge de les dérouler l'une après l'autre. Quand Denis Papin découvrait la vapeur, il ne se doutait pas qu'il lançait dans le monde une force susceptible de le transformer. Les protestants, au dix-septième siècle, se roidissaient contre le phénomène naturel des variations; ils cherchaient à les expliquer,

sans les justifier, par toutes sortes d'arguments sub-
tils; aujourd'hui ils s'en glorifient. D'après la marche
antérieure de la réforme, on est porté à croire qu'il
en sera de même du rationalisme. Seulement, il importe de le bien définir.

M. Sherer, dans la *Revue de théologie et de philosophie chrétienne*, énumère les sens divers qu'on attri-
bue à ce mot : négation du surnaturel, négation du
christianisme, négation de tel ou tel dogme, négation
des vérités autres que les vérités empiriques ou scien-
tifiques. Puis il ajoute :

« D'autres enfin prennent la raison comme dési-
gnation de l'homme spirituel dans la réunion de toutes
ses facultés et de toutes ses tendances, et comme em-
brassant l'intuition aussi bien que la réflexion, l'âme
qui aime et qui adore, aussi bien que l'entendement
qui analyse et qui raisonne; aussi revendiquent-ils
pour le mot de rationalisme un sens dans lequel il
devient ce qu'il y a de plus légitime et de plus élevé,
l'homme s'appropriant le christianisme par toutes les
puissances de son être[1]. »

Essayons de préciser davantage.

Le rationalisme est à la fois une *méthode* et un *principe*, ce n'est pas un système; il ne contient pas en
lui-même la vérité, il y conduit. Une méthode—c'est-
à-dire l'usage de la raison humaine. Un principe —
c'est-à-dire le droit et le devoir de ne pas se sou-

1. *Revue de théologie et de philosophie chrétienne*, publiée sous la
direction de E. Colani, 3ᵉ vol., juillet-décembre 1851, p. 290.

mettre à d'autre souveraineté que la souveraineté de la raison.

Maintenant, que doit-on entendre par la raison ? Évidemment l'ensemble des facultés de l'âme, l'homme spirituel tout entier, comme le dit très-bien M. Sherer. On a souvent confondu la raison avec le raisonnement; c'est confondre l'âme avec un simple procédé de l'intelligence. Je ne crois pas qu'il y ait un seul homme qui puisse admettre comme base unique de sa croyance le raisonnement. Il ne croirait ni à Dieu, ni à la nature, ni à lui-même. Il n'y a pas de démonstration possible pour établir ces trois choses; l'idée de la nature nous est donnée par les sens, non moins directement que l'idée de Dieu par la raison. Cette confusion de la raison humaine avec le raisonnement a été funeste sous plusieurs rapports. Le scepticisme philosophique de Pascal n'a pas d'autre source. Et la preuve, c'est qu'il restitue au *cœur* ce qu'il enlève à la raison.

« Nous connaissons la vérité non-seulement par la raison, mais encore par le *cœur*; c'est de cette dernière sorte que nous connaissons *les premiers principes*, et c'est en vain que le raisonnement, qui n'y a point de part, essaye de les combattre... La connaissance des premiers principes, comme il y a espace, temps, nombres, est aussi ferme qu'aucune de celles que nos raisonnements nous donnent. Et c'est sur ces connaissances du cœur et de l'instinct qu'il faut que la raison s'appuie et qu'elle y fonde tout son discours. Le cœur sent qu'il y a trois dimensions dans l'espace et que les nombres sont infinis ; et la raison démontre ensuite qu'il n'y a point deux nombres carrés dont l'un soit double de l'autre. Les principes se sentent ; les propositions se concluent ; *et le tout avec certitude, quoique par différentes voies*[1]. » Autre part : « Le cœur a ses raisons que la raison ne connaît point, on le sait en mille choses. Je dis que le cœur aime l'*être universel* naturellement, et soi-même naturellement selon qu'il s'y adonne ; et il se durcit contre l'un ou l'autre, à son choix. Vous avez rejeté l'un et conservé l'autre ; est-ce par raison que vous aimez ? *C'est le cœur qui sent Dieu* et non la raison. Voilà ce que c'est que la *foi* : Dieu sensible au cœur, non à la raison[2]. »

Le rôle que Pascal fait jouer au cœur, J.-J. Rousseau le remet à la *conscience*.

« Trop souvent la raison nous trompe ; nous n'avons que trop acquis le droit de la récuser ; mais *la conscience ne nous trompe jamais* ; elle est le vrai guide de l'homme ; elle est à l'âme ce que l'instinct est au corps[3]. »

Ce que Pascal appelait le cœur, ce que Rousseau appelait la conscience, le sentiment, Kant, et après lui la plupart des philosophes modernes, l'appellent la raison ; c'est-à-dire la manifestation la plus haute de la raison, la faculté rationnelle par excellence, la

1. Pascal, *Pensées*, édit. Havet. Article viii, 1, p. 127 et 128.
2. Pascal, *Pensées*, édit. Havet. Art. xxiv, V, p. 296.
3. Émile, livre IV, *Profession de foi du vicaire savoyard*.

partie étant prise pour le tout. Quel que soit le nom, c'est toujours la même faculté, celle qui fait naître en nous la notion de l'infini, qui nous donne la conception d'une cause première, le sentiment du bien et l'aspiration vers l'idéal ; en un mot la faculté par laquelle Dieu se révèle à l'homme.

Malheureusement, de grands penseurs n'ayant pas reconnu cette faculté sublime comme inhérente à la raison humaine, et les matérialistes l'ayant niée, des théologiens catholiques ou orthodoxes l'ont revendiquée pour eux d'une manière exclusive. Ils en ont fait le privilége de la foi ; et, comme ils entendaient par la foi l'abdication de la raison devant une autorité extérieure, les dogmes les plus arbitraires, les plus irrationnels se sont trouvés réunis aux données de la raison pure, et, à la faveur de cette étrange méprise, reçus au même titre par les esprits religieux. Il importe donc de faire cesser la confusion et d'enlever à la foi soumise et aveugle ce qui appartient à la foi libre et éclairée.

Pour éviter toute équivoque, il faut encore reconnaître qu'en dehors de la faculté suprême, qu'on pourrait nommer le sens divin, et en dehors aussi du raisonnement proprement dit, l'âme peut atteindre la vérité d'une manière sinon immédiate, du moins très-directe, par une sorte d'intuition rapide, pressentiment mystérieux des choses entrevues, mais non encore démontrées. Élevée à sa plus haute puissance, cette dernière faculté constitue le génie, l'inspiration,

peut-être même le don prophétique. On ne saurait
l'exclure de la vie religieuse, ce serait ravir à l'âme
ces ailes dont parle Platon ; mais il faut la contenir
dans de justes limites, pour qu'elle n'aille pas s'égarer
dans le mysticisme. On reconnaîtra du reste qu'elle
ne dépasse pas le cercle de son action légitime à ce
signe irrécusable : les vérités qu'elle découvre seront
conformes aux principes de la raison pure, et susceptibles d'une démonstration d'autant plus rigoureuse
que le progrès intellectuel sera plus grand.

De tout ce qui précède, il résulte que le rationalisme, bien défini, est la loi nécessaire de toute croyance
indépendante et en particulier du protestantisme conséquent ; mais il ne faut pas le confondre avec un
système doctrinal quelconque ; il ne préjuge rien dans
ce sens.

Le libre examen et la raison amènent naturellement
le principe du *progrès*. L'hérésie a justifié la prédic-
tion de Bossuet ; elle innove toujours ; bien plus, elle
fait de l'innovation une nécessité morale, un devoir
qu'elle proclame à la face du ciel. A cet égard, il me
suffira de citer quelques écrits publiés par des
pasteurs.

« On voit ici (dit M. Ath. Coquerel père) qu'en dernière
analyse, le service immense que la réformation a
rendu au monde est d'avoir replacé dans le christianisme l'élément du progrès que le catholicisme en
avait extirpé. Le christianisme catholique est immobile, stéréotypé, stagnant, parce qu'il n'y a rien à per-

fectionner dans une infaillibilité. *Le christianisme protestant est perfectible de sa nature, et en conséquence l'avenir n'est qu'à lui* [1]. »

« Nous croyons (dit M. Ath. Coquerel fils) de toutes les forces de notre foi au progrès dans l'Église; nous croyons que Dieu dirige ce progrès, qu'il se sert pour cela de moyens divers ; nous croyons que le développement naturel des sciences humaines, les travaux de la théologie, l'étude plus approfondie et plus étendue de l'Orient, de ses langues, de ses usages et de ses annales, le mouvement général des esprits au sein de l'Église, l'expérience des âmes chrétiennes, les enseignements de l'histoire, sont autant de lumières toujours plus nombreuses que Dieu nous donne et dont notre devoir est de profiter. Nous croyons que prétendre rester immobile quand tout marche et quand Dieu fait tout marcher; vouloir vivre au dix-neuvième siècle de la vie du seizième, c'est nier le mouvement, s'insurger contre la Providence, repousser ses bienfaits, méconnaître ses enseignements, ou, en un seul mot, résister à Dieu. Nous allons bien plus loin ; à nos

---

1. *Christianisme expérimental*, imprimé en 1847, p. 399. — Je n'ai pas à apprécier ici la conduite *politique* de M. Ath. Coquerel père. *En religion*, il est certain qu'il a été l'un des premiers et des plus fervents promoteurs du progrès. Ses doctrines peuvent être dépassées; elles le sont déjà. Sa gloire sera d'avoir posé les grands principes de libre examen et de tolérance avec une précision, une largeur et une force de dialectique vraiment admirables. Je signalerai, entre autres, les chapitres lxv-lxx du livre précité, où il expose les affranchissements graduels du christianisme : 1° affranchissement de la discipline ; 2° de la hiérarchie cléricale ; 3° de l'autorité dogmatique ; 4° de la forme ; 5° de la lettre ; 6° du dogme.

yeux la religion chrétienne, la vie chrétienne et la vie éternelle elle-même ne sont pas autre chose que le progrès suprême, qui doit consister à nous faire sans cesse dans ce monde et dans l'éternité marcher vers Dieu et nous approcher de lui par Jésus-Christ notre Sauveur [1]. »

Enfin M. Pellissier : « Disons-le hautement, *la religion, comme tout ce qui touche à l'homme, est progressive... La* notion de Dieu et de l'homme, qui est toute la religion, est progressive comme nous. La foi de l'âge mûr n'est pas à coup sûr la foi de l'enfance, aussi le siècle actuel ne peut-il se contenter des anciennes traditions. L'intelligence humaine tend de plus en plus à avoir une notion claire de l'invisible ; l'idéal grandit et s'élève avec nous ; là est le progrès et ce qui rend sainte sa cause, puisque, dans sa plus haute expression, il est une possession de plus en plus profonde de Dieu [2]. »

Ainsi s'écroule, avec le dogme de l'autorité, le vieil édifice de la religion absolue, impénétrable comme le sphynx égyptien, immobile comme lui sur sa base de granit. La vérité religieuse, une et immuable en Dieu seul, est reconnue en l'homme indéfiniment progressive et perfectible. Resterait à voir comment se règle le cours du progrès. M. Vacherot nous l'a exposé, il y

1. Voyez *le Lien,* numéro du 1er août 1853. — Voyez encore, dans le numéro du 12 mai 1854, le discours de rentrée du professeur Reuss, à Strasbourg.

2. *Le Disciple de Jésus-Christ,* recueil mensuel du progrès moral et religieux, 1855, p 231.

— 54 —

a quelques mois, dans un article dont le lecteur a sans doute encore le souvenir présent[1]. Je ne reviendrai pas sur la question. Je voudrais seulement énoncer l'espoir que le progrès par évolution puisse succéder, dans une certaine mesure, au progrès par révolution. Ce qui a rendu nécessaire ce dernier mode, c'est, d'une part, l'ignorance de l'idée même du progrès, et d'autre part l'absence de liberté. Or ce double obstacle n'est pas invincible; il est certain qu'il disparaîtra un jour. La tendance de l'humanité me paraît être dans ce sens; elle se manifeste déjà par ce fait que les révolutions étaient autrefois des invasions de races nouvelles; maintenant elles ne sont plus qu'un effort violent de la nation sur elle-même ou plutôt contre ceux qui l'oppriment. Le progrès par évolution, quand il sera possible, épargnera bien des crises suivies de longues réactions. J'ajouterai que le type ancien détruit par le progrès se replace toujours plus ou moins dans le type nouveau; ainsi le paganisme vaincu a passé en partie dans le culte catholique : il est donc très-utile de ménager les transitions; moins elles seront brusques, plus on affermira la marche du progrès.

Le progrès dans le protestantisme n'est pas seulement à l'état de théorie; il se réalise peu à peu par la transformation des vieux dogmes, par l'apparition de doctrines nouvelles, mieux encore par la simplification

1. Voyez la *Revue de Paris*, du 15 septembre 1856.

de l'idée religieuse; plus une idée est grande, plus elle est simple.

Ce mouvement intellectuel, comme il arrive toujours sous l'empire de la liberté, est nécessairement très-varié, très-individuel; il provoque dans les esprits mille et mille nuances d'opinions qui ont de la peine à se fondre, parce qu'elles n'ont pas encore trouvé le ton harmonique qui doit les mettre d'accord. Je n'essayerai pas de les peindre toutes; je choisirai seulement celles qui me paraissent les plus tranchées, les plus vives, celles qui projettent sur l'ensemble les reflets les plus ardents.

Une chose me frappe d'abord, c'est la solution nouvelle du problème soulevé dès le début de la Réforme, le problème de la justification. L'homme est-il justifié par la foi ou par les œuvres? Si vous admettez que l'homme est justifié par les œuvres, on vous reproche de confondre la moralité de l'agent avec la moralité de l'action. Une action peut être bonne en elle-même, par cela seul qu'elle est conforme à l'ordre général, sans être bonne au point de vue de l'individu qui l'accomplit, et réciproquement. La moralité de l'agent dépend du sentiment bon ou mauvais qui l'anime dans son action. D'autre part, on ne saurait admettre sans injustice que la croyance à certains dogmes soit suffisante et nécessaire pour la justification, ce serait rendre coupable l'erreur involontaire, se perdre dans les absurdités horribles de la prédestination. Il est vrai que la foi peut s'entendre d'une manière plus générale et désigner alors le sentiment du bien; peut-être même était-ce l'idée primitive de Luther; mais le mot est dangereux. Les protestants libéraux le remplacent par un terme bien plus précis : la *sincérité*. Toute foi sincère est orthodoxe[1]; toute action inspirée par l'amour du bien est justificatrice. Le mal consiste à ne pas être sincère dans sa croyance, à l'accepter toute faite sous l'empire de la paresse, de l'intérêt ou de la passion. Le mal consiste à ne pas être fidèle à la foi qu'on s'est librement choisie, à ne pas mettre en pratique ses propres principes, à poursuivre le succès et non la vertu. Voilà pourquoi le mensonge, la trahison et le parjure sont les plus odieux de tous les crimes; ils vicient la moralité dans sa source même, qui est la franchise du cœur.

Le principe fondamental de la sincérité une fois établi, la vieille dogmatique disparaît; à sa place s'élève ce que je nommerais volontiers la fraternité des âmes, c'est-à-dire l'union, et pour la vie présente et pour la vie future, de tous ceux qui, avant le christianisme et depuis, ont voulu le bien et l'ont réalisé dans la mesure de leurs forces, sous une forme ou sous une autre, sans distinction de culte, de croyance ou de système.

Il ne faudrait pas en conclure que le dogme soit indifférent. Il ne juge pas la moralité de l'agent, mais il influe sur la moralité de l'action. Dans ce sens, il est

---

1. Ath. Coquerel, *Christianisme expérimental*, p. 415. — Voyez aussi *l'Orthodoxie moderne.*

vrai de dire que la vérité nous sanctifie et nous sauve[1];
ce n'est pas elle qui nous fait coupables ou innocents,
mais c'est elle qui nous rend heureux, heureux du seul
vrai bonheur, le bonheur moral, heureux par le développement légitime de nos plus hautes facultés. Aussi
une tendance invincible nous porte à rechercher et à
connaître la vérité. Le dogme n'est que l'expression
humaine de la vérité religieuse. Le purifier de tout
élément superstitieux, le dégager de tout alliage ma-
térialiste, le placer à une telle hauteur qu'il puisse se
tenir en avant du siècle pour le diriger et non se traî-
ner en arrière pour le ralentir; telle doit être la tâche
non-seulement du théologien ou du pasteur, mais de
quiconque pense et croit, dans le sein du protestantisme.

Le point principal autour duquel s'agitent les controverses depuis quelques années, c'est la question de
l'*inspiration* de l'Écriture. L'inspiration littérale et
absolue a été abandonnée, même par un grand nombre d'orthodoxes[2]. Mais quel est au juste le degré

---

1. Voyez le sermon d'Ad. Monod : *La Sanctification par la vérité*
(1re série. Lyon). Il confond sans cesse dans la sanctification le côté *objectif*
et le côté *subjectif* : la sainteté de la personne qui dépend de notre inten-
tion et qui constitue notre valeur morale, avec la sainteté de l'action qui
dépend de la nature même de l'acte et qui nous élève ou nous abaisse dans
les phases diverses de notre perfectionnement. La sincérité de l'erreur est
un mérite qui doit recevoir plus tard pour récompense la vérité.

2. Aux conférences pastorales de Paris, l'inspiration littérale est soutenue par M. Zipperlen; abandonnée par MM. Grandpierre, Ad. Monod,
Merle d'Aubigné, de Pressensé (orthodoxes). MM. Pilatte et Viguié nient
toute espèce d'inspiration. (*Lien* du 4 mai 1850).

d'inspiration ? Quelques-uns soutiennent que les évangélistes et les apôtres ont été simplement des historiens et des théologiens ordinaires; pour eux le christianisme tout entier est dans la vie du Christ. D'autres reconnaissent que l'Évangile est véritablement inspiré, mais ils nient que cette inspiration soit d'une nature spéciale. Telle est la doctrine de M. Sherer. Après avoir expliqué comment toute conception du christianisme est nécessairement personnelle et subjective, il ajoute :

« Il est vrai que le christianisme d'un homme implique toujours une conception du christianisme, mais ce n'est déroger en rien à la dignité d'un Jean ou d'un Paul que d'admettre le *caractère relatif* de leur conception évangélique. S'ils sont remplis du Saint-Esprit comme aucun autre peut-être ne l'a été, rien ne serait cependant plus opposé à leur propre manière de voir que de les supposer soumis à une opération de cet esprit *spécifiquement différente* de ses opérations dans les autres fidèles [1]. »

L'inspiration des évangélistes et des apôtres ainsi comprise, que doit-on entendre par la *révélation?* Sur ce point M. le pasteur Pellissier présente une théorie qui me paraît être l'expression la plus radicale du protestantisme moderne [2].

1. *Revue de théologie,* juillet-décembre 1851, p. 361. — *De l'Apostolat,* par Ed. Sherer.

2. Voyez le *Disciple de Jésus-Christ,* 1856, numéros 6 et 9, août et septembre. L'article de M. Pellissier a été écrit à propos du livre si remarquable de M. Jules Simon sur la *Religion naturelle.* Je néglige la partie

Il repousse d'abord l'idée de la révélation « dans le sens vulgaire, matériel, anthropomorphique. » Il expose ensuite l'idée d'une révélation purement spirituelle.

« Dieu ne parle pas du dehors, d'une manière grossière, mais par la voix intime de la raison, de la conscience, du cœur... Dieu, tout en étant distinct de l'homme, non-seulement le fait à son image, mais conserve avec sa créature privilégiée des rapports intimes et profonds; la raison humaine n'est que le reflet de la raison divine, la conscience est la voix de Dieu dans notre cœur... Dieu se manifeste par le monde d'abord et surtout par l'humanité. »

M. le pasteur Pellissier montre que cette idée de la révélation, méconnue du paganisme, pressentie par les Juifs, proclamée par le Christ et les premiers disciples, a été matérialisée par le catholicisme du moyen âge, réaction de l'ancien monde contre le monde nouveau. Puis il se demande si la révélation se confond avec la conscience, avec la raison individuelle qui en est l'instrument nécessaire. Voici sa réponse :

« La raison et la conscience tombées dans la nature humaine ont leurs défectuosités, leurs obscurcissements. Ma raison, je le sens parce qu'elle me domine, parce que je l'impose par la démonstration à toute intelligence humaine, est un rayon de la raison éternelle, mais un rayon tombé dans une intelligence finie,

polémique. J'extrais seulement la partie affirmative qui rentre directement dans mon sujet.

véritable vase d'argile. Ma conscience, plus haute que moi puisqu'elle me reprend, me condamne et m'absout, est la voix de Dieu, mais parlant par un cœur où le mal réside. Dès lors cette raison et cette conscience, voix de Dieu abaissée, humiliée, confuse, mélange de vérités et d'erreurs, ne mérite pas proprement le grand nom de parole de Dieu, de véritable révélation... De là nécessité pour la raison humaine de s'approfondir, pour la conscience de se purifier... De là cette foi de l'humanité qui affirme que *le saint et le juste doit révéler Dieu...* Il faudra donc, pour avoir la parole de Dieu la plus pure, après avoir développé en nous la raison, la conscience, le cœur, chercher hors de nous le *révélateur véritable*, l'homme qui aura la raison la plus haute, la conscience la plus pure, le plus grand cœur... Jésus est cet homme idéal qui, *par sa vie*, a révélé Dieu... Voilà donc la révélation vivante, vraie, la vérité devant nous sous forme concrète, historique, humaine; la vérité, non plus abstraite, cachée dans un système que les intelligents seuls peuvent comprendre, mais la vérité que les plus petits peuvent saisir, puisque nous pouvons dire d'elle : Ce que nous avons entendu, ce que nous avons contemplé, ce que nos mains ont touché... Si on a suivi le développement de nos idées, on conclura que la parole de Dieu en Jésus-Christ, tout en étant pour nous révélation, raison divine, conscience idéale, est cependant une raison, une conscience. Elle est humaine et divine tout à la fois. C'est par un cœur d'homme, par une vie humaine semblable à nous que Dieu parle et se révèle. Dès lors notre raison et notre conscience reconnaissent la vérité, l'acceptent librement, sans effort, sans contrainte. C'est ce que voulait dire Jésus-Christ quand il recommandait à ses disciples d'accepter son joug doux et léger ; et quand il ajoutait cette parole profonde qui renferme toute la philosophie du christianisme et la notion vraie de la révélation : Celui qui croit en moi ne croit pas en moi, mais au Père qui m'a envoyé ; c'est-à-dire celui qui croit en moi ne croit pas à une autorité humaine, extérieure, étrangère ; *il croit à l'éternelle raison* que je traduis d'une manière supérieure, mais *qu'il trouve en lui*. »

Dans une petite brochure intitulée : *Liberté, Vérité, Charité*, un autre pasteur, M. Martin-Paschoud, résume ainsi tout ce qui concerne l'idée de révélation et l'idée de religion[1].

Recherchant quelles sont les lois suprêmes de la création :

« Pour les corps (dit-il), *gravitation universelle* ; pour les âmes, *ressemblance avec Dieu*, ascension éternellement progressive de la créature pensante, aimante, agissante, vers le Créateur tout sage, tout puissant, tout bon. Avec la première de ces lois si simples, l'univers matériel est expliqué. Avec la seconde non moins simple, le monde moral l'est aussi. »

1. La *Revue de Paris* a rendu compte de cette brochure dans son numéro du 1er décembre 1856.

Qu'est-ce donc que la religion ? qu'est-ce que la révélation ?

« Il n'y a qu'*une* religion, primitive, universelle, *révélée au premier homme et à tous les hommes,* et *plus particulièrement* en divers temps et en plusieurs manières par Moïse et par les prophètes, par Jésus-Christ et par les apôtres, par les fidèles et par les saints. Cette religion une, universelle et *perpétuellement révélée,* c'est précisément la loi fondamentale, éternelle, qui exprime les rapports du Créateur avec les créatures, et des créatures entre elles, tels que nous venons de les rappeler. Les cultes sont les formes diverses, plus ou moins pures, plus ou moins bonnes, plus ou moins durables dont on a revêtu ce même fonds commun[1]. »

Dans un discours prononcé à la première réunion de l'Alliance chrétienne universelle, M. Martin-Paschoud dit encore :

« ... Entre le catholicisme d'une part et le calvinisme de l'autre, il y a quelque chose. Il y a ce que je disais tout à l'heure, *la religion* qui est l'union de l'homme avec Dieu, et l'union de l'homme avec l'homme. Il y a *le christianisme qui n'est pas autre chose,* il y a enfin le vrai protestantisme qui est la vivante, l'incessante protestation contre tout ce qui n'est pas cela. »

La doctrine de M. Martin-Paschoud (du moins en ce qui concerne la révélation) n'est pas aussi nouvelle

1. Voyez la brochure précédente, p. 27 et 36.

qu'on pourrait le croire au premier abord. Le plus obscur des trois réformateurs et le plus digne d'être connu, Zwingle admettait l'action permanente et universelle de l'esprit divin dans l'humanité. « Platon (disait-il) a aussi bu à la source divine; et si les deux Caton, si Camille et Scipion n'avaient pas été vraiment religieux, auraient-ils été si magnanimes[1]? »

Je citerai encore un article de M. le pasteur Réville sur la religion et la philosophie[2]. Après avoir examiné les différents moyens plus ou moins ingénieux par lesquels on a voulu établir l'accord de la religion avec la philosophie, M. Réville ajoute :

« Le fait est que *le problème est insoluble* tant qu'on en reste au point de vue catholique ou en général *au point de vue de la religion considérée comme un ensemble de doctrines formulées et s'imposant avec autorité.* Notons bien que ce point de vue est celui de tous les catholiques, de beaucoup de protestants et de la plupart des hommes de science profane. En France surtout, c'est celui de presque tout le monde. Pour la grande majorité, incrédules ou croyants, il n'y a plus de christianisme là où quelque dogme depuis longtemps officiel, la Trinité, par exemple, ou le péché originel, ou la théographie des saints livres souffre quelque atteinte. Même parmi les chrétiens ayant rompu avec l'ancienne orthodoxie, l'idée d'une reli-

---

1. Œcol. et Zw., op. p. 9; cité par M. de Félice dans son *Histoire des protestants en France*, p. 16.

2. Voyez *le Lien*, numéros des 4, 11 et 28 octobre 1856.

gion consistant surtout en doctrines révélées avec une autorité surnaturelle est encore très - répandue. »

M. Réville repousse cette idée. La religion à ses yeux n'est autre chose que le sentiment du devoir, la conscience du lien moral qui unit l'homme à Dieu.

« Mais en quoi consiste ce lien? quelle est la réalité dont cette expression est le symbole? Un lien entre deux êtres personnels, c'est une ressemblance, une communion. En quoi et comment l'homme peut-il être en communion avec Dieu? »

Par la sainteté de sa vie, c'est-à-dire par la confor mité constante de sa volonté avec la volonté de Dieu. « Vouloir le bien et vouloir ce que Dieu veut, sont au fond deux formules identiques. » De même que le sentiment du devoir fait naître la pensée de Dieu, la pensée de Dieu est à son tour une force moralisante ; « l'amour que cette pensée fait éclore dans l'âme devient le mobile suprême, le mobile le plus énergique » de notre activité. Ainsi conscience de Dieu, voilà la source de la religion ; conformité avec Dieu par la sainteté, voilà son objet.

La philosophie étant « la recherche scientifique de la raison dernière des choses, » peut et doit étudier cette puissance de l'âme qu'on appelle la religion, mais elle ne peut la nier sans être immorale; et, si elle ne la nie point, ses découvertes peuvent bien ébranler tel ou tel dogme, faire surgir des vérités nouvelles à côté des vérités anciennes, agrandir ainsi la sphère de l'intelligence humaine; le principe généra-

teur de la religion est indépendant de tous les systèmes qui se succèdent, puisqu'il tient au plus profond
de notre être et qu'il se manifeste au dehors non par
des théories, mais par des faits.

« Le christianisme est la *religion naturelle réali-
sée...* Il nous montre en Jésus de Nazareth la religion
parfaite, le rapport normal qui doit exister entre
l'homme et Dieu. La consécration de soi-même à
Dieu, l'amour sans bornes inspirant le sacrifice absolu, voilà ce que Jésus fait connaître et communique
au monde. En le voyant on voit Dieu, puisque vou-
lant tout comme Dieu, il vit en Dieu et Dieu en lui.
Ceci est un fait historique d'autant plus inattaquable
qu'il n'a pu être inventé. Jésus a donc possédé pleine-
ment cette puissance que nous appelions la religion
naturelle, et la seule chose qui distingue l'Évangile
de cette religion, c'est que l'Évangile fait passer dans
le domaine des faits ce qui n'existait avant lui que
dans le domaine des conceptions abstraites et pour
mieux dire très-confuses. C'est ainsi que l'Évangile
est la révélation. La foi en Jésus ou la communion
avec lui est le moyen conforme aux lois de la nature
morale, par lequel nous entrons en participation de
cette puissance religieuse que Jésus a possédée pleine
et entière. Ce qui fait le chrétien, ce n'est pas l'adhésion à telle ou telle doctrine, c'est la communion personnelle avec la personne du Christ. »

D'après les citations qui précèdent, il est facile de
voir que le dogme de la divinité du Christ, dans le sens

que lui attribuent les catholiques, les orthodoxes et
en général les trinitaires, n'est nullement inhérent au
protestantisme. Beaucoup de protestants l'admettent,
d'autres le rejettent. M. le pasteur Ath. Coquerel père
le range dans la catégorie des *vérités réservées* par
l'Évangile, c'est-à-dire dans la catégorie des pro-
blèmes non résolus et abandonnés à la libre discussion[1].

M. le pasteur Leblois va plus loin. Dans un sermon
prononcé à Strasbourg le 31 décembre 1854, il s'exprime en ces termes :

« La communion qui a pris le nom de catholique,
adoptant les erreurs du paganisme qui peuplait l'O-
lympe de déesses, enseigna l'existence d'une espèce
d'Olympe chrétien appelé le ciel et placé au-dessus
des nuages. Elle en fit la demeure de Dieu, de Jésus-
Christ, des anges et des saints... Les sectes protestantes qui ont adopté les mêmes erreurs concernant
un ciel limité n'ont conservé de toute cette *idolâtrie*
que *le culte de Jésus*, mais d'une manière si exclusive
qu'il menace, comme celui de Marie dans l'Église
romaine, d'effacer complétement celui du *seul vrai
Dieu...* »

M. Leblois leur oppose cette parole du Christ lui-
même : « Pourquoi m'appelles-tu *bon?* Nul n'est bon
que Dieu[2]. »

<hr>

1. *Christianisme expérimental,* p. 318.

2. Saint Marc, ch. x, verset 18. — Voyez *le Lien* du 28 avril 1855.
La même doctrine avait été soutenue par le pasteur Bruch dans une publi-

En 1850, M. Leblois avait pris pour sujet de thèse : « Il faut *imiter* et *non adorer* Jésus. » Les textes cités à l'appui sont frappants[1]. Enfin, dans un article plus récent, il dit encore :

« L'homme qui s'est approché du Dieu vivant, qui lui a ouvert un cœur pur, qui est entré en communion de vie avec lui, et qui, sans intermédiaire humain, se nourrit directement à la source du salut et de la vie éternelle, cet homme est religieux, cet homme a la religion : *cet homme est un fils de Dieu, un frère de Jésus-Christ*, et lui seul aussi peut véritablement connaître et aimer Jésus-Christ[2]. »

Que reste-t-il donc du christianisme dans cette conception protestante et radicale dont nous avons indiqué un aperçu ? Il reste le Christ lui-même, rien de plus et rien de moins ; c'est-à-dire un symbole et un type idéal. Comme symbole, le Christ est l'expression du divin dans l'homme ; il est la foi vivante au Dieu paternel, à ce Dieu distinct du monde, mais néan-

cation vieille de dix ans, et, en 1841, par M. de Wette. Par arrêté du 27 février 1855, le directoire de la Confession d'Augsbourg prononça contre M. Leblois, à la majorité de trois voix contre deux, une mesure disciplinaire. Mais il paraît que cette mesure s'adressait surtout à la forme. On blâmait le mot « idolâtrie, » comme étant susceptible de froisser les croyances d'autres fidèles.

1. Jean, xiii, 15 ; xiv, 12, 28 ; xvii, 3 ; xx, 17. — Matthieu, x, 17, 19, xx, 28. Il aurait pu y ajouter : Jean, x, 33-38. Les Juifs veulent lapider Jésus « parce qu'étant homme, il se fait Dieu. » Il leur répond : « N'est-il pas écrit dans votre loi : J'ai dit, vous êtes des dieux. » A ce propos, voyez dans la *Revue des Deux-Mondes*, numéro du 15 juin 1843, un article intitulé : *les Socin et le socinianisme*, par M. Xavier Durrieu.

2. Voyez le *Disciple de Jésus-Christ*, p. 565, numéro d'octobre 1856.

moins uni à toutes les créatures et en particulier à l'homme, qu'il anime de son souffle puissant. Comme type idéal, le Christ ne représente ni l'art ni la science, mais la justice et l'amour : la justice qui défend les opprimés, qui chasse les marchands du temple et qui condamne le pharisaïsme hypocrite; l'amour, qui ne redoute ni le contact de la misère, ni même le spectacle du vice; l'amour, qui console les affligés, qui tend une main fraternelle aux déshérités de ce monde; l'amour, qui inspire toute une vie de dévouement, et comme consécration dernière la mort ignominieuse, le martyre prévu, annoncé et subi courageusement pour le triomphe de la vérité morale et la consommation du bien.

Plus on humanise le Christ, plus le symbole est expressif, plus la perfection du type est communicative; elle se trouve tout à la fois très-élevée et très-accessible. Les trinitaires, qui confondent le Christ avec Dieu, ne s'aperçoivent pas qu'en cela même ils énervent la force régénératrice du christianisme. Par un dogme arbitraire qui établit la confusion de deux natures là où notre raison ne nous montre possible qu'un simple lien, ils obscurcissent la clarté de l'exemple qui nous est offert, ils étouffent son rayonnement. Si la nature du Christ est essentiellement différente de la nôtre, ou cette différence se manifeste pendant sa vie terrestre, et alors sa vie, n'étant pas une vie humaine, ne peut avoir aucune influence sur la nôtre; ce n'est plus l'idéal de l'homme, ce n'est pas encore l'idéal de

Dieu; ou bien cette différence reste latente pendant sa vie terrestre, et alors quelle est son utilité? Elle ne sert qu'à semer le doute et l'inquiétude dans les esprits; elle donne un ferment aux vaines controverses d'une théologie subtile; elle contribue à répandre cette fausse maxime que la vraie religion demande une foi aveugle. Au contraire, si la nature du Christ est essentiellement semblable à la nôtre, plus de prétexte pour refuser de le suivre dans la voie qu'il trace devant nous; le dernier refuge de l'égoïsme est mis à jour; la raison est satisfaite et la conscience parle plus haut.

Certes nous avons vu de bien monstrueux abus sortir du sein du christianisme : l'ascétisme monacal mis à la place de la famille, la résignation inerte prêchée aux faibles et la domination aux puissants; la perpétuité de la misère enseignée à titre de dogme; l'autorité usurpatrice des papes, des conciles ou des synodes comprimant le libre examen; la science proscrite, l'hérésie persécutée, l'esclavage des noirs justifié; les princes de l'Église, les Borgia, les Dubois inventant des turpitudes inconnues jusqu'à eux; des évêques catholiques, grecs ou anglicans, gorgés de richesses et pressurant les peuples par la dîme; tous les scandales et toutes les servitudes. Et cependant, chose étonnante, le nom du Christ est resté pur de tout soupçon, à l'abri des représailles de la haine, respecté de ceux-là même qu'on prétendait être ses ennemis. On dirait que l'amour qui émanait de sa personne l'a revêtu en quelque sorte d'une auréole sacrée. Pourquoi ce respect, pourquoi ces hommages? Parce que sa cause est distincte du christianisme tel que l'ont fait les hommes de l'autorité absolue; parce que sa grandeur est en lui-même, non dans les dogmes qu'on lui prête, parce qu'il importe de ne pas laisser aux ennemis du progrès humain le monopole d'un homme qu'ils revendiquent mort et qu'ils renieraient vivant.

Tel fut le sentiment unanime de nos plus grands philosophes. Je ne citerai pas Jean-Jacques Rousseau. Chacun se souvient de ce magnifique passage de l'*Émile* qui commence ainsi : « La majesté des Écritures m'étonne, la sainteté de l'Évangile parle à mon cœur. » Mais il y a dans le Dictionnaire philosophique un article trop peu connu, que devraient lire et relire tous ceux qui accusent Voltaire d'irréligion[1]; il sera peut-être utile de le remettre au moins en partie sous les yeux du lecteur.

« Je méditais cette nuit; j'étais absorbé dans la contemplation de la nature; j'admirais l'immensité, le cours, les rapports de ces globes infinis que le vulgaire ne sait pas admirer. J'admirais encore plus l'intelligence qui préside à ces vastes ressorts. Je me disais : Il faut être aveugle pour ne pas être ébloui de ce spectacle; il faut être stupide pour n'en pas reconnaître l'auteur; il faut être un fou pour ne pas l'adorer... J'étais plongé dans ces idées quand un de ces génies qui remplissent les intermondes descendit vers moi. Je reconnus cette même créature aérienne qui m'avait

1. Voyez Voltaire, *Dictionnaire philosophique*, vᵒ Religion, sect. II.

apparu autrefois pour m'apprendre combien les juge-
ments de Dieu diffèrent des nôtres et combien une
bonne action est préférable à la controverse. Il me
transporta dans un désert tout couvert d'ossements
entassés ; et entre ces monceaux de morts il y avait
des allées d'arbres toujours verts, et au bout de chaque
allée un grand homme d'un aspect auguste qui regar-
dait avec compassion ces tristes restes. Hélas! mon
archange, lui dis-je, où m'avez-vous mené? — A la
désolation, me répondit-il. — Et qui sont ces beaux
patriarches que je vois immobiles et attendris au bout
de ces allées vertes, et qui semblent pleurer sur cette
foule innombrable de morts? — Tu le sauras, pauvre
créature humaine, me répliqua le génie des intermondes ; mais auparavant il faut que tu pleures. »

Ces ossements entassés sont les ossements des victimes du fanatisme.

« Un peu au delà de ces piles de morts, nous trou-
vâmes d'autres piles ; c'étaient des sacs d'or et d'argent, et chacune avait son étiquette : Substance des
hérétiques massacrés au dix-huitième siècle, au dix-
septième, au seizième, et ainsi en remontant... Quoi!
mon génie, ce fut donc pour avoir ces richesses qu'on
accumula ces morts? — Oui, mon fils. Je versai des
larmes, et quand j'eus mérité par ma douleur qu'il
me menât au bout des allées vertes, il m'y condui-
sit. Contemple, me dit-il, les héros de l'humanité
qui ont été les bienfaiteurs de la terre, et qui se
sont tous réunis à bannir du monde, autant qu'ils

l'ont pu, la violence et la rapine. Interroge-les. »

Voltaire passe en revue les sages de l'antiquité, Numa Pompilius, Pythagore, Zoroastre, Zaleucus, Thalès, Anaximandre, Socrate.

« Après avoir joui quelque temps de l'entretien de Socrate, je m'avançai avec mon guide dans un bosquet situé au-dessus des bocages où tous ces sages de l'antiquité semblaient goûter un doux repos. Je vis un homme d'une figure douce et simple, qui me parut âgé d'environ trente-cinq ans. Il jetait de loin des regards de compassion sur ces amas d'ossements blanchis, à travers desquels on m'avait fait passer pour arriver à la demeure des sages. Je fus étonné de lui trouver les pieds enflés et sanglants, les mains de même, le flanc percé et les côtes écorchées de coups de fouet. Eh! bon Dieu, lui dis-je, est-il possible qu'un juste, qu'un sage soit dans cet état? Je viens d'en voir un qui a été traité d'une manière bien odieuse; mais il n'y a pas de comparaison entre son supplice et le vôtre. De mauvais prêtres et de mauvais juges l'ont empoisonné; est-ce aussi par des prêtres et par des juges que vous avez été assassiné si cruellement? Il me répondit *oui* avec beaucoup d'affabilité. Et qui étaient donc ces monstres? — *C'étaient des hypocrites...* J'étais près de le supplier de vouloir bien me dire au juste qui il était. Mon guide m'avertit de n'en rien faire. Il me dit que je n'étais pas fait pour comprendre ces mystères sublimes. Je le conjurai seulement de m'apprendre en quoi consistait la vraie religion. — *Ne vous l'ai-je pas déjà dit? Aimez Dieu et votre prochain comme vous-même...* — Eh bien! s'il en est ainsi, *je vous prends pour mon seul maître.* Alors il me fit un signe de tête qui me remplit de consolation. La vision disparut, et la bonne conscience me resta. »

Si je passe maintenant des philosophes du dix-huitième siècle aux philosophes de l'école démocratique moderne, je rencontre d'abord un homme que les pédants du parti conservateur ont voulu ridiculiser, mais dont la haute intelligence brave les sarcasmes et qui à coup sûr laissera une trace profonde dans la science métaphysique. Je veux parler de Pierre Leroux. Dans son livre sur l'Humanité, il dit :

« On cherche la source du mal qui règne sur la terre. Le mal qui règne sur la terre, j'entends le mal qui règne dans la société humaine, vient de ce que l'essence de la nature humaine a été violée, parce que le principe de l'unité du genre humain, à travers le temps et l'espace, et de la solidarité mutuelle de tous les hommes, n'a pas encore été bien compris ni véritablement appliqué. Aussi les chrétiens avaient-ils raison de dire que *Jésus,* qui, suivant eux, en sa qualité de Dieu, *avait apporté le dogme de l'unité et de la fraternité parmi les hommes,* avait par là même détruit la tache du péché originel. L'erreur des chrétiens était de croire que Jésus fût Dieu ; leur erreur était de croire que Jésus fût un homme exceptionnel au milieu du genre humain ; leur erreur aussi était de croire que sa doctrine n'avait pas été pressentie et même connue avant lui ; mais ils avaient parfaitement raison de soutenir que cette doctrine de la *communion*, de l'*unité*, de la *fraternité*, frappait le mal dans sa racine. Ils avaient parfaitement raison dans ce sens d'opposer Jésus à Adam, et de faire de Jésus le rédempteur d'Adam [1]. »

Pierre Leroux voit trop la *doctrine* et pas assez la *vie* du Christ. Lamennais met en lumière ce dernier côté de la religion évangélique :

« Il ne sera donc pas vrai que Jésus-Christ a expié par sa mort les péchés des hommes, qu'il a satisfait par ses souffrances à la justice de Dieu ? Non, sans doute, si l'on entend qu'il fallait du sang pour apaiser Dieu. C'est là une idée mosaïque et païenne. Mais il a souffert pour les hommes, il est mort pour eux, et son sacrifice a sauvé le monde, parce qu'en accomplissant parfaitement la loi parfaite qu'il venait annoncer au genre humain, il a établi à jamais cette loi hors de laquelle nul salut, nulle vie ; il a réalisé dans toute son étendue le précepte de l'amour, qui, en unissant les créatures entre elles et à leur auteur, est la consommation de l'ordre éternel. *Ecce qui tollit peccata mundi ;* rien, certes, de plus vrai. En apprenant à l'homme à s'oublier lui-même, à ne se préférer à aucun autre homme, à aimer ses frères d'un amour égal à celui qu'il a pour soi, à se dévouer, à se sacrifier pour eux ; en leur donnant l'exemple de ce sublime sacrifice, Jésus-Christ a vraiment ôté le péché

1. Livre III, chap. II.

du monde; car le péché n'est dans sa source que l'amour prédominant, exclusif de soi, la préférence de soi à tout ce qui n'est pas soi[1]. »

Dans la préface du livre dont j'ai extrait le passage qui précède, Lamennais expose sur la religion des vues qui me paraissent tout à fait d'accord avec celles du protestantisme moderne.

« Une, invariable dans son essence, elle (la religion) revêt, durant le cours des âges, des formes relatives au degré où on la connaît et à la manière dont on la conçoit, formes changeantes dès lors comme la conception même qui va sans cesse se développant; et, pour expliquer complétement ces états divers de la même religion identique, il faut tenir compte encore de mille circonstances extérieures qui tendent soit à l'épurer, soit à la corrompre, surtout comme institution publique. Son mouvement général n'est cependant que le mouvement même de l'esprit humain, et le christianisme, qui résuma ses progrès antérieurs, soumis aussi à cette loi suprême, a subi dans ses diverses phases, et continue de subir des modifications dépendantes également du progrès accompli sous son influence. *Visiblement il tend à rentrer, par l'idée plus nette qu'on s'en fait, dans le cercle des lois naturelles de l'homme :* lois divines au plus haut degré, puisqu'elles émanent de Dieu et nous unissent à Dieu, hors duquel nulle vie, nulle existence possible. Ces

---

1. Lamennais, *Discussions critiques et pensées diverses sur la religion et la philosophie*, 1841, p. 143.

lois, en effet, seraient-elles plus divines si elles n'a-
vaient aucune relation immédiate à notre nature, si
elles n'en étaient pas les lois essentielles et propres?
Quelqu'un le dira-t-il, le pensera-t-il? Et puisque le
christianisme, considéré à ce point de vue, n'a jamais
pu ne pas être ; qu'immuable en soi, il varie seulement dans ses formes relatives à l'avancement de la
science, à l'évolution progressive de l'humanité dans
le vrai, son unité, sa perpétuité, son universalité sont
établies invinciblement. Les innombrables difficultés,
les contradictions absolues qu'enfante l'hypothèse d'un
ordre surnaturel disparaissent; et loin que l'autorité,
la majesté de la religion aient été affaiblies, cette majesté n'en est que plus auguste et cette autorité plus
grande, puisqu'elles s'identifient à l'autorité, à la majesté de la puissance créatrice elle-même. »

M. Jules Simon définit le protestantisme: «Un ache-
minement vers la religion naturelle. » M. le pasteur
Pellissier accepte la définition ; seulement il ajoute que
c'est le confondre avec le pur christianisme.

Quoi qu'il en soit, il est certain que le protestantisme conséquent se rapproche de plus en plus d'une
religion purement rationnelle. Le protestantisme orthodoxe résiste au mouvement, mais il est vraisem-
blable qu'il sera entraîné à son tour, ou qu'il ira se
fondre dans le sein du catholicisme.

VI

Quelle est l'importance respective des deux partis?
Quelques faits montreront qu'elle se balance à peu de
chose près.

En 1848, les délégués de tous les consistoires s'as-
semblent à Paris. Une confession de foi obligatoire est
proposée. Elle est repoussée. Les orthodoxes exclusifs
se séparent. On rédige une adresse aux églises dans un
sens libéral très-mitigé [1].

En 1849, une chaire est vacante à la faculté de
Montauban. Sur quarante-deux consistoires consultés,
M. Poupot, candidat libéral, obtient quarante suf-
frages, M. Pédezert, orthodoxe, en obtient trente-six.
Le ministre de l'instruction publique et des cultes,
M. de Falloux, nomme le candidat orthodoxe, M. Pé-
dezert [2].

En 1850, des conférences pastorales ont lieu à
Nîmes. On discute un projet de loi relatif à l'organisation du culte réformé. L'article 51 accorde au synode
le droit d'arrêter et approuver les règlements géné-

1. Voyez *Historique de l'assemblée générale des Eglises réformées
de France au mois de septembre* 1848.
2. Voyez *le Lien* du 6 octobre 1849.

raux relatifs au culte, à la discipline, à l'organisation des églises. M. Serre fait ajouter « *et au progrès* [1]. »

A la fin de 1855, une chaire est de nouveau vacante à Montauban. M. Bonifas, candidat orthodoxe, obtient quarante-sept suffrages. M. Réville obtient quarante-cinq suffrages ; dix voix s'égarent sur deux candidats modérés, mais non exclusifs. Le Conseil central, consulté, donne quatre voix à M. Bonifas et six à M. Réville. M. Bonifas est nommé [2].

On le voit, l'Église protestante offre l'image de notre société politique. Dans la société politique, tout le monde proclame les principes de 89. Dans l'Église protestante tout le monde accepte *à priori* le principe du libre examen. La différence est dans la pratique.

1. Voyez *le Lien* du 3 août 1850.
2. Voyez *le Lien* des 16 février, 1er mars et 8 mars 1856.

VII

Divisés entre eux par le dogme, les protestants de France ont un culte commun. Ce culte est bien simple; peu de mots suffiront pour le faire connaître. Il s'ouvre par une invocation à Dieu, il continue par le chant des psaumes, la lecture des dix commandements et d'un chapitre de l'Évangile. Puis le pasteur monte en chaire, il récite une prière liturgique, il donne le signal d'un nouveau chant, il prononce une autre prière dictée par une inspiration individuelle, ensuite le sermon et enfin la bénédiction des fidèles. Rien ne parle aux yeux, rien ne s'adresse aux sens; la chaire tient la place de l'autel. Éclairer les esprits, émouvoir les cœurs, purifier les âmes, les élever vers Dieu et les disposer à accomplir le bien; telle est la mission du pasteur. L'auditoire participe au culte par le chant, par la prière intérieure, le recueillement, le libre examen qui sépare dans la parole de l'homme le bon grain de l'ivraie, la méditation qui se l'assimile, le retour sur soi-même et la ferme volonté de se réformer sans cesse.

Les sacrements sont au nombre de deux : le baptême et la sainte cène. Ici, comme dans beaucoup d'autres religions, le baptême est un symbole de pureté; de plus il suppose chez les parents la promesse d'élever l'enfant dans la religion protestante; mais il n'implique en aucune manière la nécessité pour l'enfant d'être baptisé sous peine de damnation. Les orthodoxes eux-mêmes n'osent guère professer aujourd'hui cette abominable doctrine.

La sainte cène est un mémorial [1] du dernier repas célébré par Jésus de Nazareth avec ses apôtres, avant d'être livré entre les mains du grand prêtre Caïphe et du gouverneur Pilate. Les fidèles se rassemblent autour d'une vaste table, le pasteur préside; il fait circuler le pain rompu et la coupe remplie de vin, puis on se sépare après une exhortation de quelques instants. Cela signifie, selon la doctrine protestante, que l'âme comme le corps a besoin d'une nourriture pour la fortifier et d'un breuvage pour la rafraîchir; cette nourriture et ce breuvage spirituels se trouvent dans la vie du Christ; se pénétrer de ses paroles, identifier sa conduite avec la sienne, c'est s'unir aux autres hommes, qu'il embrassait tous dans son amour, et à Dieu, dont il accomplissait la volonté.

Le mariage n'est pas un sacrement; les époux engagent leur foi par une promesse solennelle; le pasteur leur adresse quelques paroles sur les devoirs qu'ils ont à remplir; il termine par la bénédiction nuptiale et la prière.

Quant aux services funèbres, en général, ils ne se

1. Expression de M. Ath. Coquerel père. — Lettre à M. Guizot.

célèbrent point dans le temple. Le pasteur, debout aux bords de la fosse, jette sur le cercueil la dernière pelletée de terre, puis il console les assistants par l'espoir d'une vie future.

Au commencement de cet article, j'ai montré quelle était la hiérarchie ecclésiastique. Les fidèles nomment les consistoires ; les consistoires nomment les pasteurs. Tous les pasteurs sont égaux entre eux. On sait que le mariage leur est permis et même recommandé. Dans un livre intitulé : *Du protestantisme dans ses rapports avec le socialisme,* M. Nicolas dit : « Le protestantisme est marié, c'est ce qui fait qu'il est infécond. » L'histoire réfute surabondamment ce jeu de mots grossier. La plupart des pasteurs qui moururent sur l'échafaud pour avoir tenu des églises au désert étaient mariés ; jamais l'affection conjugale ne leur conseilla la moindre défaillance. Le comble de l'amour, c'est d'élever la personne que l'on aime à la hauteur de son dévouement. Ceux qui ne sentent pas ainsi sont à plaindre, car ils méconnaissent et la puissance de l'amour, et la sainteté du mariage, et l'inspiration que puisent dans une foi commune deux âmes indissolublement unies. Je n'insiste pas ; il me reste à signaler les améliorations dont le culte protestant paraît susceptible.

Beaucoup demandent la réforme des liturgies[1]. Les liturgies sont encore empreintes de l'esprit du seizième

1. Voyez la nouvelle rédaction proposée par M. Fonvieille, ancien pasteur à Lacaune. (*Disciple,* 1856, numéro d'octobre.)

siècle; elles ne sauraient convenir au dix-neuvième.
Du reste, une liturgie étant une formule stéréotypée,
ne peut être bonne que si elle réunit ce double caractère, d'être courte et conçue en termes très-généraux.
Cette réforme sera difficile; les orthodoxes tiennent à
la partie liturgique du culte; ils y trouvent un dernier
asile contre les envahissements de la raison; il est certain que les vieilles formules, hérissées de termes théo-
logiques à peu près incompréhensibles, rentrent dans
ce système dont Pascal disait : « Naturellement cela
vous fera croire et vous abêtira[1]. »

Une autre question préoccupe les esprits progressifs :
c'est la question de l'art dans le culte. Nous avons dit
que la Réforme, dans le principe, fut une protestation
religieuse contre le matérialisme de l'Église romaine;
pour être logique, elle devait repousser du culte l'ap-
pareil de la pompe extérieure. Elle le fit. Plus de vê-
tements pontificaux couverts de dentelles, étincelants
d'or; plus de marbres précieux aux mille nuances,
plus d'autels ornés de fleurs artificielles, de pierres
fines et de chandeliers en argent massif, plus d'en-
cens, plus de costumes, plus de processions, en un
mot plus de fêtes, plus de représentations théâtrales.

Jusque-là l'œuvre de la Réforme était légitime; le
luxe est un plaisir des sens; il suppose chez ceux qui
l'aiment des instincts peu élevés; il n'a rien de commun avec le sentiment religieux. Mais il ne fallait pas
le confondre avec l'art. L'art, comme la parole, ne

1. Pascal, *Pensées*, édit. Havet. Article x, 1.

s’adresse aux organes du corps que pour parvenir à l’âme; il a pour but l’expression de la beauté idéale, dont la source suprême est en Dieu; il excite chez nous la plus noble, la plus désintéressée peut-être de toutes les passions, l’enthousiasme. L’exclure du culte, c’est se priver d’un moyen d’action précieux, souvent irrésistible, c’est se restreindre à l’usage d’une seule langue quand on en pourrait parler plusieurs et répondre d’autant mieux aux besoins divers que fait naître la diversité des natures.

Par malheur on avait mêlé ensemble, dans le culte catholique, le sacré et le profane, l’art et le luxe, de telle sorte que la Réforme ne crut pouvoir écarter l’un sans l’autre. Cependant il importe ici de faire une distinction. Tous les arts ne furent pas également proscrits du temple; l’exclusion ne comprit que la peinture et la sculpture. Pourquoi? Parce qu’on redoutait le culte de la forme, la dévotion idolâtrique. Il faut avouer que le spectacle de l’Italie donnait à ces craintes quelque chose de sérieux; mais au fond c’était une erreur; une étude plus approfondie l’aurait démontré. J’oserais presque dire, faisant appel aux souvenirs des voyageurs, que le dévot idolâtre aime le laid; il recherche la richesse, jamais le beau : le beau n’étant que la splendeur du vrai, chasse par cela même la superstition; Phidias prépare Socrate[1]. On s’agenouille devant des images grossières, des peintures de mau-

1. Phidias, 498-430 av. J.-C. — Socrate, 470-400. Voyez Quinet, *Histoire des révolutions d’Italie.*

vais goût, des poupées éblouissantes de pierreries ; mais les chefs-d'œuvre de Raphaël et de Michel-Ange n'ont jamais reçu la moindre prière, si ce n'est parfois celle de l'artiste implorant du ciel le don du génie.

La peinture et la sculpture n'avaient donc en elles-mêmes rien d'hostile aux principes de la Réforme ; il suffisait de leur imposer les conditions d'un goût pur et d'un style sévère, c'est-à-dire les véritables conditions de l'art dans le genre élevé.

Les hommes du seizième siècle, ardents et absolus, ne pouvaient comprendre ces idées ; la nudité de leurs temples leur plaisait ; c'était un contraste de plus avec l'église des papistes. Aujourd'hui encore l'introduction de la sculpture et de la peinture rencontrerait de vives répugnances.

La musique ne devait pas inspirer les mêmes craintes. La musique est en effet l'art spiritualiste et religieux par excellence ; elle s'élève naturellement dans les hautes régions ; elle vient en aide à l'insuffisance de la parole pour satisfaire les aspirations vers l'infini ; elle n'enferme pas la pensée dans une formule étroite et précise ; elle la provoque plus encore qu'elle ne l'exprime ; elle vous ébranle et vous émeut ; puis, ouvrant à l'esprit individuel une large et libre carrière, de chaque auditeur elle fait un poëte à son insu. Aussi rien de plus intime, de plus personnel, de plus spontané que l'élan de l'âme sous l'influence de la musique.

Luther le comprit ; à peine eut-il rompu avec le

saint-siége qu'il composa cet hymne célèbre dont l'imposante majesté nous saisit encore au milieu des harmonies dramatiques de l'opéra des *Huguenots*. Deux siècles plus tard, Hændel, dans la musique religieuse, s'élève jusqu'au sublime. En France, les réformés s'encouragent au martyre par le chant des psaumes, avec la musique de Goudimel. Le culte protestant célébré dans le désert n'était pas sans poésie; il avait d'abord la poésie de la nature, les gorges des montagnes, les sombres forêts, les rochers sauvages; il avait ensuite la poésie de la persécution, l'attaque des dragons du roi toujours imminente, la menace des supplices incessamment suspendue sur la tête des fidèles. Grâce à la révolution de 89, les choses ont changé d'aspect; le calme est revenu avec la liberté; mais aussi le chant des psaumes, né du sein de la lutte, n'est plus qu'un souvenir du passé; murmuré à voix basse, d'une manière monotone, il ne produit pas la moindre émotion; il ne sert qu'à froisser les oreilles délicates. Si le protestantisme veut grandir, il faut qu'il mette à la place quelque chose de plus puissant; l'Allemagne, sous ce rapport, pourrait lui fournir des modèles.

Quant à l'architecture, plusieurs circonstances l'ont empêchée jusqu'ici de créer des formes originales. Les protestants ont reçu, pour la célébration de leur culte, d'anciennes églises catholiques; les églises nouvelles ont été construites sous l'empire de la routine, d'après des plans analogues, modifiés dans quelques détails. M. Bourgeois de Lagny, partant de ce principe que l'église protestante est le *temple de la parole*, propose de lui donner la forme demi-circulaire[1]. Un jeune architecte de Sainte-Foy (Gironde), M. Jules Roberty, a dressé des plans dans lesquels il indique la forme ellipsoïde. Quel que soit le sort de ces projets, il est certain que tôt ou tard on sentira le besoin de mettre l'édifice religieux en harmonie avec le culte qu'il doit renfermer dans son enceinte.

En résumé, on peut dire que l'art est nul dans le culte protestant[2]; le progrès l'y fera sans doute pénétrer un jour, mais on ne peut se dissimuler que les obstacles sont graves et la question en elle-même très-difficile. Ce qui la complique singulièrement, c'est que l'art religieux peut très-bien exister en dehors du culte. Les plus beaux ouvrages des maîtres italiens ont disparu des églises, ils figurent maintenant dans les musées; ils y sont mieux conservés, mieux éclairés, plus facilement abordables; tous les vrais amateurs se félicitent du changement. Les symphonies de Beethoven ne se jouent ni à Notre-Dame, ni à la Madeleine; et cependant quelle source abondante d'émotions religieuses! Les protestants ont eu de grands artistes malgré l'austérité de leurs temples; Jean Goujon, Bernard de Palissy, Rembrandt et bien d'autres. Ils possèdent aujourd'hui le seul peintre qui, à notre époque, ait su renouveler par des idées originales les sujets religieux, l'auteur des *Saintes femmes au tombeau du Christ* et

---

1. Voyez le mémoire présenté au conseil central des Églises réformées.
2. Bien entendu je ne parle que de la France.

de *sainte Monique contemplant l'infini.* Ces considérations ne manquent pas de valeur, mais elles ne sont pas décisives. Il ne suffit pas que la religion laisse à l'artiste sa pleine liberté ; il ne suffit pas même qu'elle l'inspire d'une manière indirecte dans ses œuvres[1] ; il faut encore qu'elle réalise dans les limites du possible l'idéal du culte, à savoir l'expression de la vérité religieuse sous toutes ses formes, dans tout son éclat.

1. Voyez *Marnix de Sainte-Aldegonde,* par Edgard Quinet, à la fin, le passage qui concerne Rembrandt.

VIII

Le protestantisme n'est pas et ne peut pas être un parti politique. Il pose des principes; quant aux moyens d'application, il ne saurait les indiquer sans sortir de la sphère qui lui est propre. Est-ce à dire qu'il n'ait aucune influence sur la marche des choses humaines, sur les transformations sociales et la forme des gouvernements? Si je traitais la question au point de vue historique, il me serait facile de prouver par l'exemple de l'Angleterre, de la Hollande, des États-Unis, de la Suisse et même de l'Allemagne, combien cette influence a été grande. Il me suffira de rappeler une ancienne et célèbre controverse où se montre à découvert, et dans toute sa force, le lien qui unit la politique à la religion. Il s'agit de la lutte entre le ministre Jurieu et l'évêque de Meaux, peu après la révocation de l'édit de Nantes. Ici encore le génie de Bossuet nous éclairera de sa lumière; jamais sa logique ne fut plus vive, plus rigoureuse, plus impitoyable : elle pénètre droit au cœur du sujet comme une lame d'acier froide et inflexible. Bossuet n'est plus un homme, c'est l'incarnation vivante du principe d'autorité. Vous croyez peut-être qu'il se contente de

reprocher à Jurieu ses doctrines hérétiques? — non.
— Il est l'homme de Louis XIV plus encore que le défenseur du pape ; il poursuit son adversaire sur le terrain des choses temporelles. Il soutient d'abord, contre
le ministre, que l'Écriture consacre la monarchie absolue, puis il ajoute :

« J'ai *vengé* le droit des rois et de toutes les puissances souveraines, car elles sont toutes également
attaquées, s'il est vrai, *comme on le prétend, que le
peuple domine partout* et que l'État populaire, qui est
le pire de tous, soit le fond de tous les États. J'ai répondu aux autorités de l'Écriture qu'on leur oppose.
Celles-là sont considérables, et toutes les fois que Dieu
parle ou qu'on objecte ses décrets, il faut répondre.
Pour les frivoles raisonnements dont se servent les
spéculatifs [1] pour régler le droit des puissances qui
gouvernent l'univers, leur propre majesté les en défend, et il n'y aurait qu'à mépriser ces vains politiques, qui, sans connaissance du monde ou des affaires publiques, pensent pouvoir assujettir les trônes
des rois aux lois qu'ils dressent parmi leurs livres ou
qu'ils dictent dans leurs écoles. Je laisserais donc volontiers discourir M. Jurieu *sur les droits du peuple*,
et je n'empêcherais pas qu'il ne se rendît l'arbitre des
rois à même titre qu'il est prophète ; mais afin que le
monde, qui est *étonné de son audace*, soit convaincu
de son ignorance, je veux bien, en finissant cet avertissement, parmi les absurdités infinies de ses vains

1. On dirait maintenant *idéologues*.

discours, en relever quatre ou cinq des plus grossières.

« Dans le dessein qu'avait M. Jurieu de faire l'apologie de ce qui se passe en Angleterre, il paraissait naturel d'examiner la constitution particulière de ce royaume ; et s'il était tourné de ce côté-là, j'aurais laissé à d'autres le soin de le réfuter. Car je déclare encore une fois que les lois particulières des États, non plus que les faits personnels, ne sont pas l'objet que je me propose. Mais ce ministre a pris un autre tour, et soit que l'Angleterre seule lui ait paru un sujet digne de ses soins ou qu'il ait trouvé plus aisé de parler en l'air du droit des peuples, que de rechercher les histoires qui feraient connaître la constitution de celui dont il entreprend la défense, *il a bâti une politique également propre à soulever tous les États.* En voici l'abrégé : « Le peuple fait les souverains et donne la souveraineté ; donc le PEUPLE POSSÈDE LA SOUVERAINETÉ, et la possède dans un degré plus éminent ; car celui qui communique doit posséder ce qu'il communique d'une manière plus parfaite ; et quoiqu'un peuple qui a fait un souverain ne puisse plus exercer la souveraineté par lui-même, c'est pourtant la souveraineté du peuple qui est exercée par le souverain ; et l'exercice de la souveraineté qui se fait par un seul n'empêche pas que la souveraineté ne soit dans le peuple comme dans sa source, et même comme dans son premier sujet. » Voilà les principes qu'il pose dans la seizième lettre ; et il en conclut dans les deux suivantes que *le peuple peut exercer sa souveraineté* en certains cas, *même sur les souverains, les juger, leur faire la guerre,* les priver de leurs couronnes, *changer* l'ordre de succession, et même *la forme du gouvernement*[1]. »

Jurieu, comme Jean-Jacques Rousseau (près d'un siècle avant lui), pour expliquer la constitution des États, suppose un *pacte social.* Bossuet le plaisante sur la théorie des pactes.

« Comme ces pactes de M. Jurieu ne se trouvent plus, et qu'il y a longtemps que l'original en est perdu, le moins qu'on puisse demander à ce ministre, c'est qu'il prouve ce qu'il avance. Et il le fait en cette sorte : « Il « n'y a point de relation au monde qui ne soit fondée « sur un pacte mutuel ou exprès ou *tacite,* EXCEPTÉ « L'ESCLAVAGE, tel qu'il était entre les païens, qui don- « nait à un maître pouvoir de vie et de mort sur son « esclave, sans aucune connaissance de cause. Ce droit « était *faux, tyrannique, purement usurpé et contraire* « *à tous les droits de la nature...* » Quelque spécieux que soit ce discours en général, si on y prend garde on y trouve autant d'ignorance que de mots. Commençons par la relation de maître et de serviteur. Si le ministre y avait fait quelque réflexion, il aurait songé que l'origine de la servitude vient des lois d'une *juste* guerre, où le vainqueur ayant tout droit sur le vaincu,

---

1. Bossuet. Ier *avertissement aux protestants sur les lettres du ministre Jurieu contre l'Histoire des Variations. Le fondement des empires renversé par ce ministre* (imprimé en 1690).

jusqu'à pouvoir lui ôter la vie, il la lui conserve : ce qui même, comme on sait, a donné naissance au mot de *servi*, qui, devenu odieux dans la suite, a été dans son origine un terme de bienfait et de clémence descendu du mot *servare* (conserver). Vouloir que l'esclave en cet état fasse un pacte avec son vainqueur, qui est son maître, c'est aller directement contre la notion de la servitude. Car l'un, qui est le maître, fait la loi telle qu'il veut ; et l'autre, qui est l'esclave, la reçoit telle qu'on veut la lui donner ; ce qui est la chose du monde la plus opposée à la nature d'un pacte, où l'on est libre de part et d'autre, et où l'on se fait la loi mutuellement. Toutes les autres servitudes, ou par vente, ou par naissance ou autrement, sont formées ou définies sur celle-là. En général, et à prendre la servitude dans son origine, l'esclave ne peut rien contre personne qu'autant qu'il plaît à son maître ; les lois disent qu'il n'a point d'état, point de tête, *caput non habet,* c'est-à-dire que ce n'est pas une personne dans l'État. Aucun bien, aucun droit ne peut s'attacher à lui. Il n'a ni voix en jugement, ni action, ni force, qu'autant que son maître le permet ; à plus forte raison n'en a-t-il point contre son maître. De *condamner cet état,* ce serait entrer dans les sentiments que M. Jurieu lui-même appelle outrés, c'est-à-dire dans les sentiments de ceux qui trouvent *toute* guerre injuste ; ce serait non-seulement condamner le droit des gens où la servitude est admise, comme il paraît par toutes les lois ; mais *ce serait condamner le Saint-Esprit,* qui ordonne aux esclaves, par la bouche de saint Paul, de demeurer en leur état, et n'oblige point leurs maîtres à les en affranchir. Cela va plus loin que ne pense M. Jurieu ; car *il méprise le droit de conquête jusqu'à dire que* LA CONQUÊTE EST UNE PURE VIOLENCE ; ce qui est dire manifestement que *toute* guerre en est une ; et par conséquent contre les propres principes du ministre, qu'il ne peut jamais y avoir de justice dans la guerre, puisqu'il n'y a rien qui s'accorde moins que la justice et la violence. Mais si le droit de servitude est véritable, parce que c'est le droit du vainqueur sur le vaincu, *comme tout un peuple peut être vaincu* jusqu'à être obligé de se rendre à discrétion, TOUT UN PEUPLE PEUT ÊTRE SERF ; en sorte que son seigneur en puisse disposer comme de son bien jusqu'à le donner à un autre, sans demander son consentement... [1]. »

Ainsi, d'une part : souveraineté du peuple, liberté des individus, indépendance des nations.

D'autre part : monarchie absolue, esclavage et droit de conquête, ou plutôt négation du droit ; car la conquête, c'est la force, la force brutale, rien de plus.

Voilà les deux termes extrêmes où la logique conduit le ministre et l'évêque.

Dans le passage que je viens de remettre sous les yeux du lecteur, Bossuet se révèle tout entier : intelligence puissante, âme de bronze. Quelle sérénité dans

---

1. Bossuet. Ire *avertissement*, suite.

son esprit! quel calme dans sa conscience! Il semble se complaire dans son argumentation terrible, et quand il arrive à ces conclusions fatales qui nous font frémir, nous autres démocrates, qui nous apparaissent comme la violation des droits les plus sacrés de la nature humaine, comme la théorie sanglante du despotisme, il sourit et il a le courage de railler son adversaire, lui le docteur grave, le dernier Père de l'Église! Une seule fois, il s'exalte, c'est pour *venger* les rois. Une seule fois, il se trouble dans sa dialectique, c'est pour légitimer la conquête qu'il confond avec la guerre juste, la guerre de l'indépendance; il voudrait ôter à la Hollande, où Jurieu s'est réfugié, le droit suprême de défendre son territoire. Pas un cri du cœur pour l'avertir de l'abîme d'iniquités où il tombe; d'une main impassible il trace le cercle de fer où la liberté de l'homme s'anéantit[1].

En face de Bossuet, il est consolant de voir un simple ministre de l'Évangile devancer, sur la route du progrès, les grands philosophes du dix-huitième siècle et les membres immortels de notre première constituante. Jurieu n'a pas toujours été conséquent avec ses principes; mais la postérité doit lui tenir compte de ses nobles pressentiments.

M. Quinet, dans son admirable *Histoire des révolutions d'Italie*, résume très-bien l'influence du protestantisme sur la politique en ces mots:

---

1. Voyez *le Pape*, de Joseph de Maistre; mêmes idées, même logique.

« Tous les peuples qui ont fait, dans le seizième siècle, obstacle à la liberté religieuse, en sont punis par l'impossibilité d'entrer, au dix-neuvième, dans la liberté politique. Cet air n'est plus respirable pour eux... »

Et plus loin :

« ...J'ai rencontré de ces peuples qui tirent vanité de ce que, ne croyant plus, ils persévèrent néanmoins dans les formes extérieures de la foi. Ils donnent pour prétexte à leur inertie qu'aucune révolution religieuse ne peut les tenter et ne vaut la peine d'un changement. Nulle des révoltes de l'intelligence accomplies jusqu'ici ne suffit à ces indomptés. S'ils faisaient tant que de se lever et de penser, ils traverseraient en trois pas les bornes de l'univers moral; ils envahiraient des cieux inconnus. En attendant, les fiers Sicambres négligent de savoir lire; ils pensent être affranchis de tout, parce qu'ils dédaignent au fond les croyances qu'ils affichent, sans s'apercevoir que dans ce mensonge ils sont les dupes. Pour que les peuples mordent le frein, il n'est nullement nécessaire qu'ils croient. Les préjugés qui survivent aux croyances y suffisent de reste[1]. »

Il ne faut pas se faire d'illusions. Il y a de faux protestants comme il y a de faux démocrates : ceux-ci flattent le peuple pour l'opprimer; ceux-là invoquent la toute-puissance de Dieu pour empêcher son règne

1. Quinet, *Révolutions d'Italie.*

sur la terre. Il y a aussi, et en grand nombre, des protestants timides qui redoutent les conséquences de leurs propres principes. Au fond, cependant, le protestantisme est essentiellement démocratique. Plaçant l'élément vital de la religion dans la conscience, abandonnant le dogme à la libre raison, il initie les peuples aux mystères du monde moral, il divulgue les formules sacrées, comme autrefois, à Rome, Flavius divulguait les formules juridiques des patriciens[1]. Cela est si vrai qu'on le lui reproche. Dans son article sur Channing, M. Renan trouve le protestantisme unitaire trop démocratique[2]. Il n'approuve pas sa tendance à « réaliser le progrès humain par l'élévation graduelle de l'ensemble de l'humanité. » M. Renan préfère le progrès réalisé par une aristocratie.

« Si l'on prend son parti une fois pour toutes sur le sacrifice de quelques-uns aux besoins de l'œuvre commune; si l'on admet, comme le faisait l'antiquité, que la société se compose essentiellement de quelques milliers d'individus vivant de la vie complète, les autres n'existant que pour la leur procurer, le problème est infiniment simplifié et susceptible d'une bien plus haute solution... La foule, en s'introduisant dans la société cultivée, en abaisse presque toujours le niveau. »

Un pareil reproche est, selon nous, un bien grand

---

1. Voyez *Histoire des Romains*, par V. Duruy, t. I, p. 246.

2. *Revue des Deux-Mondes*, numéro du 15 décembre 1854. Les unitaires représentent, en Amérique, le protestantisme avancé.

hommage rendu à la religion protestante : nous désirons vivement qu'elle le mérite de plus en plus. Elle a une tâche difficile, mais glorieuse à remplir, au point de vue social : c'est de préparer la transformation future; c'est d'inculquer dans les esprits la notion de la solidarité humaine et de graver dans les cœurs le sentiment de la charité universelle[1]. La science économique fera le reste; elle indiquera comment le luxe, qui ruine les uns et déprave les autres, peut être détruit, comment la misère peut être vaincue, comment l'inégalité peut faire place à la diversité, comment le bien-être de chacun peut sortir du concours de tous. Auparavant, il faut régénérer les âmes, non pour les jeter dans les égarements du mysticisme, mais pour les rendre plus ardentes à la pratique de la vertu. La forme extérieure, l'organisation officielle, le nom même du protestantisme, tout cela est sujet à périr. Ce qui restera, c'est l'idéal chrétien dégagé de toute superstition, c'est la doctrine évangélique réduite à la loi d'amour; ce sont ces trois choses, enfin, introduites pour la première fois dans la vie religieuse : la liberté, la raison et le progrès. Sur ces bases désor-

---

1. Voyez dans *le Disciple de Jésus-Christ*, vol. 1855, p. 115 : *Les causes de la misère combattues par les principes du christianisme*, discours prononcé à la réunion des membres de la société protestante de prévoyance et de secours mutuels, dans le temple de l'Oratoire, le dimanche soir, 28 janvier, par M. le pasteur *Rouville*. Le texte est celui-ci : « Il n'y avait personne parmi eux qui fût dans l'indigence. » (Actes IV, 34.)

Voyez encore un article très-remarquable de madame Mary Meynieu, inséré dans *le Disciple*, numéro de novembre 1856.

mais inébranlables s'élèvera un jour la religion de l'avenir, religion individuelle par la personnalité de la croyance, universelle par la simplicité de la foi; la religion de l'humanité affranchie et de tous les êtres qui aspirent vers Dieu.

Paris. — Imprimerie de P.-A. BOURDIER et Cie, 30, rue Mazarine.

PARIS. — IMPRIMERIE DE P.-A. BOURDIER ET Cⁱᵉ

rue Mazarine, 30.

PARIS. — IMPRIMERIE DE P.-A. BOURDIER ET Cie,

rue Mazarine, 30.

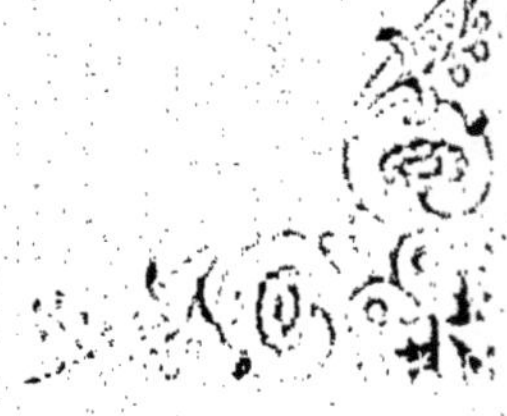

9 782019 69657